초등 영문법

영어를
결정
하는

초등 영어를 결정하는 영문법

저자 주선이

초판 1쇄 인쇄 2020년 8월 5일   **초판 1쇄 발행** 2020년 8월 20일

발행인 박효상   **편집장** 김현   **기획 · 편집** 김준하, 김설아
표지, 내지 디자인 문예진   **일러스트레이션** 조이안   **조판** 조영라
마케팅 이태호, 이전희   **관리** 김태옥   **종이** 월드페이퍼   **인쇄 · 제본** 현문자현

출판등록 제10-1835호   **발행처** 사람in
주소 04034 서울시 마포구 양화로 11길 14-10 (서교동) 3F
전화 02) 338-3555(代)   **팩스** 02) 338-3545   **E-mail** saramin@netsgo.com
Website www.saramin.com
책값은 뒤표지에 있습니다. 파본은 바꾸어 드립니다.

© 주선이 2020

ISBN
978-89-6049-859-4 64740
978-89-6049-808-2 (set)

우아한 지적만보, 기민한 실사구시 **사람in**

어린이제품안전특별법에 의한 제품표시	
제조자명 사람in	**전화번호** 02-338-3555
제조국명 대한민국	**주 소** 서울시 마포구 양화로
사용연령 5세 이상 어린이 제품	11길 14-10 3층

영어를
결정
하는

초등
영문법

noun verb
be, become
I do./
I don't.

this, these/
that, those/it
a/the
can/can't

사람in
saram
in.com

머리말

이 책은 처음 문법을 접하거나, 문제 풀이 훈련에 익숙한 아이들이 **문법의 기초 골격을 세울 수 있도록** 구성했습니다. 이를 위해 전 **문법 학습**을 '숲과 나무의 개념'으로 생각해 보기를 권합니다.

최근의 문법 지도 경향은 내신이나 입시를 위해 많은 문제를 비교, 분석하여 정확하게 풀어내는 훈련 위주의 학습이 주였습니다. 이는 분명, 문법 규칙을 다양하게 적용하고 정확하게 익히기에 아주 좋은 방법입니다. 이를 숲을 이루는 **'나무'를 위한 학습**이라고 해 볼까요? 이런 것들이 모여 이루는 것이 문법의 숲입니다. 숲을 이루는 나무 하나하나가 다 중요하지요. 하지만 어느 한 나무에만 집중한다거나 하면 전체 숲을 보지 못하게 됩니다.

우리 모두 숲과 나무가 다 중요하고, 동시에 봐야 하는 것임을 잘 알고 있습니다. **문법이라는 '숲'을 이해**하게 되면 스스로 어느 부분이 약한지 알게 되어 혼자 학습할 수 있는 부분을 선택, 집중할 수 있는 실력을 갖출 수 있습니다.

문법 숲

숲을 산책해 보면, 처음 들어갈 때와 나올 때, 처음 산책할 때와 여러 번 볼 때마다 보이는 것이 다르다는 경험을 하게 됩니다. 문법 학습에도 같은 원리를 적용할 수 있습니다. 이 책은 숲을 산책하듯 책의 **처음부터 끝까지, 개념 위주로 학습한 뒤** 문제 풀이를 할 수 있도록 구성했습니다. 아래와 같이 활용해 보세요.

먼저, Contents(목차) 페이지를 1) 책을 시작하기 전에, 2) 각 파트를 시작하기 전에, 3) 책을 다 끝낸 후에 소리 내어 읽어 보세요. 문법의 기초 골격이 세워질 것입니다. 그런 다음 다른 교재의 목차를 함께 비교해 보면, 아이들 스스로 무엇이 중요한지, 어떤 순서로 문법 학습이 이뤄지는지 알 수 있게 됩니다.
다음으로, 각 파트의 Unit(유닛) 제목에 집중해 주세요. 각 유닛마다 소개된 Rule(규칙)만 먼저 전체 읽어 본 후 문제를 풀어 주세요.
마지막으로, Review(복습) 코너에서 한 번 더 제목과 규칙을 읽으면서 중요한 개념을 정리해 보세요.

쉽고 단순해 보이지만 이 방법은 앞으로 많은 시간을 투자할 문법 학습의 든든한 반석을 세우는 데 큰 도움이 되리라고 확신합니다.

Contents

이 책의 구성과 특징

만화로 미리보기
학습할 문법의 개념과
그 개념이 쓰이는 상황을
소개합니다.

Rule 1-1 사람, 사물, 동물, 장소의 이름
명사는 **사람이나 동물의 이름을 나타내는 말**이에요.

A 밑줄 친 명사 중에서 사람에 해당하는 단어에는 동그라미를, 동물에는 세모를 표시해 보세요.

❶ (Jane) is a (dancer).
제인은 무용수다.

❷ The boy has a cat.
그 소년은 고양이가 한 마리 있어요.

❸ My mom knows Kevin.
우리 엄마는 케빈을 알고 계셔.

❹ The farmer rides a horse.
그 농부는 말을 탄다.

문법 규칙
개념 잡기
각 문법과 관련된 규칙의
개념을 소개합니다.

Rule 2 명사 앞에 쓰는 a / an
영어에서 **'하나'를 나타낼** 때는 명사 앞에 a나 an을 붙여 줘요.

a나 an은 '하나의 / 한 개의'라는 뜻이에요. 어떻게 구분해서 쓰는지 알아봐요.

a dog
개 한 마리

an egg
달걀 한 개

a + **자음으로** 시작하는 명사	an + **모음으로** 시작하는 명사
a bus 버스 한 대	**an ant** 개미 한 마리
a rose 장미 한 송이	**an elephant** 코끼리 한 마리
a cow 소 한 마리	**an uncle** 삼촌 한 명

*영어에서 모음은 a, e, i, o, u예요. 나머지는 자음이라고 해요.

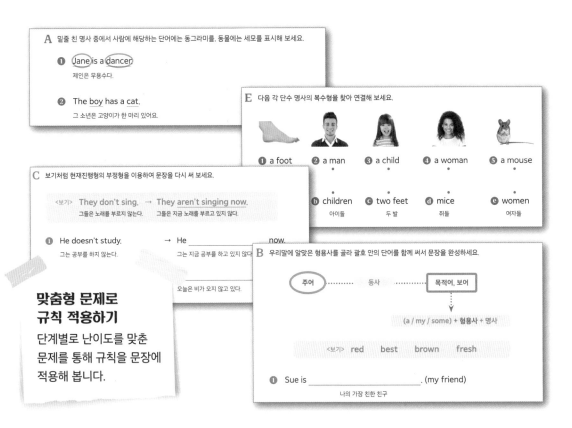

A 밑줄 친 명사 중에서 사람에 해당하는 단어에는 동그라미를, 동물에는 세모를 표시해 보세요.

❶ (Jane) is a (dancer).
제인은 무용수다.

❷ The boy has a cat.
그 소년은 고양이가 한 마리 있어요.

E 다음 각 단수 명사의 복수형을 찾아 연결해 보세요.

❶ a foot　❷ a man　❸ a child　❹ a woman　❺ a mouse

ⓑ children　ⓒ two feet　ⓓ mice　ⓔ women
아이들　두 발　쥐들　여자들

C 보기처럼 현재진행형의 부정형을 이용하여 문장을 다시 써 보세요.

<보기> They don't sing. → They aren't singing now.
그들은 노래를 부르지 않는다.　그들은 지금 노래를 부르고 있지 않다.

❶ He doesn't study. → He _____ now.
그는 공부를 하지 않는다.　그는 지금 공부를 하고 있지 않다.

오늘은 비가 오지 않고 있다.

B 우리말에 알맞은 형용사를 골라 괄호 안의 단어를 함께 써서 문장을 완성하세요.

주어 .... 동사 .... 목적어, 보어

(a / my / some) + 형용사 + 명사

<보기> red　best　brown　fresh

❶ Sue is _____. (my friend)
나의 가장 친한 친구

맞춤형 문제로 규칙 적용하기

단계별로 난이도를 맞춘 문제를 통해 규칙을 문장에 적용해 봅니다.

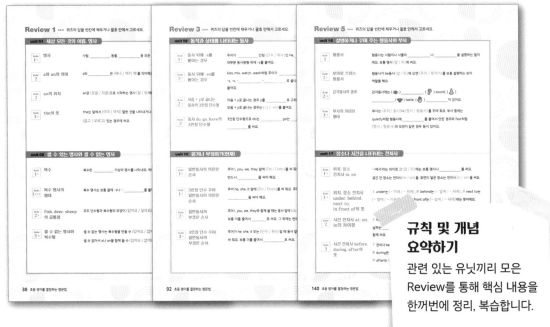

규칙 및 개념 요약하기

관련 있는 유닛끼리 모은 Review를 통해 핵심 내용을 한꺼번에 정리, 복습합니다.

문장의 구성

문법이란 '문장을 만드는 방법, 규칙'을 의미해요. 이때 문장은 완전한 생각을 담기 위해 **'누가 무엇을 했는지' 전달**하는 주어와 동사가 필요해요.

S
주어(Subject)

V
동사(Verb)

따라서 문장은 '주어(누가) + 동사(~하다)'를 포함한 **두 개 이상의 단어**로 이뤄져요.

문장 (X)	문장 (O)
a blue sky (푸른 하늘)	The sky is blue. (하늘은 푸르다.)
I, you, we (나, 너, 우리)	I know you. (나 너를 알아.)
This book. (이 책)	This is my book. (이것은 내 책이다.)

Q 두 표현 중 문장을 찾아 빈칸에 V 표시를 하세요.

1. ⓐ a dog — 개가 뭘?   ☐ 개 한 마리
   ⓑ This is a dog.   ☐ 이것은 개야.

2. ⓐ the sun in the east — 태양이 뭘?   ☐ 동쪽의 태양
   ⓑ The sun rises in the east.   ☐ 태양은 동쪽에서 떠오른다.

3. ⓐ Bob plays baseball.   ☐ 밥은 야구를 한다.
   ⓑ play baseball — 누가?   ☐ 야구를 하다

정답: Q1 ⓑ   Q2 ⓑ   Q3 ⓐ

문장의 시작과 끝

문장은 대문자**로 시작**하고, **마침표, 물음표, 느낌표** 중 하나의 문장부호**로 끝**나요.

The dog is fast.

문장의 종류는 **평서문, 의문문, 명령문, 감탄문**이 있어요. 이 문장들 끝에 등장하는 문장부호를 잘 살펴보세요.

평서문 : ~한다.	의문문 : ~하니?
I go to school at 8.	When do you get up?
나는 8시에 학교에 간다.	넌 언제 일어나니?

명령문 : ~해. 또는 해라!	감탄문 : ~하구나!
Be careful. Be careful!	What a sunny day!
조심해. 조심해!	정말 화창한 날이구나!

문장의 재료, 품사

문장을 만들기 위해서는 재료가 되는 단어가 필요해요. **단어는 그 성격에 따라 8가지 종류로 나눌 수** 있는데 이를 '품사'라고 해요.

명사
사람, 사물, 동물의 이름을 나타내는 말
예 Mary 메리, friend 친구, book 책, dog 강아지

대명사
명사를 대신에서 쓰는 말
예 I 나는, we 우리는, him 그를

동사
사람이나 사물의 동작, 상태를 나타내는 말
예 play 놀다, run 뛰다, like 좋아하다

형용사
사람이나 사물의 상태나 성질이 어떠한지 설명하거나 꾸며 주는 말
예 happy 행복한, big 큰, red 빨간

부사
동사, 형용사, 또는 다른 부사나 문장 전체를 꾸며 주는 말
예 well 잘, fast 빨리, early 일찍

전치사
명사나 대명사 앞에서 장소나 시간의 의미를 나타내는 말
예 in ~에서, ~에 at ~에, ~에서 on ~ 위에서, ~ 때에

접속사
두 단어나 문장을 이어주는 말
예 and 그리고 but 하지만 or 혹은 so 그래서

감탄사
감동이나 놀람의 느낌을 나타내는 말
예 Wow! 와! Oh my! 이럴 수가

문장 순서와 문장 성분

단어가 모여 문장을 만들어요. 하지만 단어를 단순히 나열한다고 문장이 되는 것은 아니에요.

문장의 구성 방식, 즉 문장 규칙에 따라 단어를 배열해야 해요.

문장을 이루는 가장 기본적인 요소는 '주어와 서술어(동사)'예요.

우리말에서는 서술어인 동사가 문장 맨 끝에 오지만 영어에서는 주어 바로 뒤에 나와요

The girl	is eating	cake	at a party.
여자아이가	먹고 있어요	케이크를	파티에서

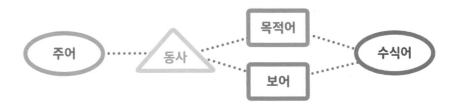

주어	문장의 주체가 되는 말로 '**누가/무엇이**'에 해당해요.
동사	주어의 동작이나 상태를 나타내는 말로 '**~한다/이다**'에 해당해요.
목적어	동사의 동작 대상을 나타내는 말로 '**무엇을**'에 해당해요.
보어	**주어나 목적어를 설명**하는 말이에요.
수식어	**꾸며 주는 역할**을 하는 말로 필요하지 않을 경우 안 쓸 수도 있어요.

규칙 이해를 도와줄 문법 용어

소개하는 유닛을 시작하기 전에 문법 용어 설명을 먼저 읽어 보세요. 한자로 된 말이라 한자 뜻을 함께 살펴보면 이해하기 쉽고, 더 오래 기억할 수 있어요.

Unit 1, 20

모음과 자음

영어 알파벳은 모음 5자(a, e, i, o, u), 자음 21자를 합쳐서 총 26자로 이뤄져 있어요.

주의) 모음은 5자이지만 다양한 소리 값이 있어요.

예를 들어, ant, air, table, war에서 모음 a는 모두 다른 소리가 나지요.

단모음

단모음은 cut, stop, sing, plan처럼 모음 앞뒤로 자음이 있는 경우예요.

반대되는 예로, stay, team, cow, ear 등은 장모음이나 이중 모음이 쓰인 경우예요.

Unit 3, 6, 8

인칭대명사
인칭(人稱, 사람 + 일컫다)대명사는 사람이나 사물을 대신하는 말이에요.

지시대명사
지시(指示, 가리키다)대명사는 무엇인가를 가리킬 때 쓰는 말이에요.

Unit 4, 9, 13

be동사
'~이다, (~에) 있다, (상태가) ~하다'의 뜻이에요. 예 am, is, were

일반동사
동사의 대부분은 일반동사로 '~하다'의 뜻이 있어요.

동사원형 동사에 아무 것도 붙지 않은 가장 기본 형태예요. 예 be, swim, have

감각동사 사람의 오감을 나타내는 동사예요. 예 look, sound, smell

조(助, 돕다)동사
동사 앞에서 동사를 도와주는 역할을 하는 동사예요.
예 can, will, should

Unit 11, 14

시제
시간을 나타내는 표현으로 영어에는 과거, 현재, 미래의 3개 기본시제가 있어요.

현재진행 시제 '~하는 중이다'라는 뜻으로 어떤 동작이 현재 진행되고 있음을 나타내요. be동사의 시제를 바꿔 과거 진행, 미래 진행을 표현해요.

Unit 20, 21

원급
형용사나 부사의 기본 형태(원래 형태)예요. 두 개를 비교하는 비교급과 셋 이상을 비교할 때의 최상급과 구분할 때 쓰는 말이에요.

음절(syllable)
소리(음, 音)을 마디(절, 節)로 끊은 것으로, 한 번에 발음할 수 있는 글자 단위예요. 음절의 기준은 모음이랍니다.

1음절 모음 소리가 하나예요. 예 he, dog, book, smile, school

2음절 모음 소리가 두 개예요. 예 baby(ba-by), peanut(pea-nut), corner(cor-ner)

주의) 우리말 식으로 읽으면 food는 '푸-드(2음절)', nice는 '나-이-스(3음절)'처럼 보이지만 영어로는 모두 food, nice로 1음절 단어처럼 읽어야 해요.

smile, nice처럼 단어 중 모음 철자 e가 있어도 소리가 안 나면 음절로 나눌 수 없어요.

Part
01

Unit 01

세상 모든 것의 이름, 명사

Rule **1** 사람, 사물, 동물, 장소의 이름

Rule **2** 명사 앞에 쓰는 **a / an**

Rule **3** 명사 앞에 쓰는 **the**

Rule
1-1 사람, 사물, 동물, 장소의 이름

명사는 **사람이나 동물의 이름을 나타내는 말**이에요.

A 밑줄 친 명사 중에서 사람에 해당하는 단어에는 동그라미를, 동물에는 세모를 표시해 보세요.

① (Jane) is a (dancer).

제인은 무용수다.

② The boy has a cat.

그 소년은 고양이가 한 마리 있어요.

③ My mom knows Kevin.

우리 엄마는 케빈을 알고 계셔.

④ The farmer rides a horse.

그 농부는 말을 탄다.

명사는 **사물이나 장소의 이름을 나타내는 말**이에요.

B 밑줄 친 명사 중에서 사물에 해당하는 단어에는 동그라미를, 장소에는 세모를 표시해 보세요.

❶ I wear a hat.

나는 모자를 쓴다.

❷ This is my room.

이것은 내 방이야.

❸ I leave my books at school.

나는 책들을 학교에 두고 온다.

❹ I ride my bike to the library.

나는 자전거를 타고 도서관에 간다.

명사 앞에 쓰는 a / an
영어에서 '하나'를 나타낼 때는 명사 앞에 a나 an을 붙여 줘요.

a나 an은 '하나의 / 한 개의'라는 뜻이에요. 어떻게 구분해서 쓰는지 알아봐요.

a dog
개 한 마리

an egg
달걀 한 개

a + 자음으로 시작하는 명사	an + 모음으로 시작하는 명사
a bus 버스 한 대	**an ant** 개미 한 마리
a rose 장미 한 송이	**an elephant** 코끼리 한 마리
a cow 소 한 마리	**an uncle** 삼촌 한 명

*영어에서 모음은 a, e, i, o, u예요. 나머지는 자음이라고 해요.

C 다음 명사 앞에 a나 an 중 알맞은 것을 골라 쓰세요. an 뒤에는 모음으로 시작하는 명사가 와요.

❶ _____ cow
소 한 마리

❷ _____ artist
예술가 한 명

❸ _____ ship
배 한 대

❹ _____ man
남자 한 명

❺ _____ bird
새 한 마리

❻ _____ orange
오렌지 한 개

❼ _____ elephant
코끼리 한 마리

❽ _____ uncle
삼촌 한 명

❾ _____ set
한 세트

❿ _____ melon
멜론 한 개

⓫ _____ ear
귀 한 쪽

⓬ _____ umbrella
우산 한 개

D 다음 문장의 주어나 목적어를 'a / an + 명사'로 고쳐 문장을 완성하세요.

주어 ·········· 동사 ·········· 목적어

a / an + boy

a / an + pen, artist, ball, uncle

❶ 나는 펜이 필요하다.

I need _____.
펜 한 개

❷ 그는 예술가 한 명을 만났다.

He met _____.
예술가 한 명

❸ 소년이 공을 던진다.

_____ throws _____.
소년 한 명   공 한 개

❹ 나는 삼촌을 다시 만났다.

I saw _____ again.
삼촌 한 명

명사 앞에 쓰는 the

명사 앞에 the를 쓰는 경우가 있어요. the는 **앞에서 이미 말한 것을 나타낼 때** 명사 앞에 써요.

E 다음에서 첫 문장은 a와 an 중 하나를 고르고 뒤 문장의 빈칸에는 the를 써 보세요.

I have (a / **an**) apple.

The apple is sweet.

❶ I see (a / an) owl. 부엉이 한 마리가 보여.

I like ＿＿＿＿＿ owl. 나는 그 부엉이가 마음에 들어.

❷ He has (a / an) book. 그는 책 한 권이 있어.

＿＿＿＿＿ book is fun. 그 책은 재미있어.

❸ He is (a / an) actor. 그는 배우야.

＿＿＿＿＿ actor is very tall. 그 배우는 무척 키가 커.

❹ I see (a / an) bus. 버스 한 대가 보여.

＿＿＿＿＿ bus is coming. 그 버스가 오고 있어.

❺ She has (a / an) eraser. 그녀는 지우개 한 개가 있어.

＿＿＿＿＿ eraser is pink. 그 지우개는 분홍색이야.

F 다음 문장의 빈칸에는 the를 쓰고 바로 뒤 명사에 동그라미 하세요.

Close **the** window.

아, 이 창문!

❶ Can you pass _____ salt? 소금 좀 건네줄래?

❷ _____ computer is new. 컴퓨터는 새 거야.

❸ Open _____ door, please. 문 좀 열어 주세요.

❹ Where are _____ cups? 컵들은 어디에 있어?

❺ _____ shoes are dirty. 신발들이 더럽다.

❻ Look at _____ rose. 장미를 봐.

❼ _____ ducks are in _____ pond. 오리들은 연못에 있어.

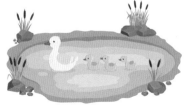

{ 셀 수 있는 명사와 셀 수 없는 명사 }

Rule 1 둘 이상을 나타내는 명사, 복수

Rule 2 불규칙 형태의 복수

Rule 3 셀 수 없는 명사

Rule 1-1 둘 이상을 나타내는 명사, 복수

영어에서는 명사를 다룰 때 하나인지 둘 이상인지 구분해서 써요.

앞에서 배운 a / an은 **명사가 하나일 때** 즉, 단수일 때 명사 앞에 써요.

둘 이상인 명사는 복수라고 해요. 복수는 명사 끝에 -s를 붙여요.

단수	a boy	a book	an egg	an ant
복수	boys	books	eggs	ants

A 다음 단수 명사 뒤에 -s를 붙여서 복수로 표현해 보세요.

① a cup → two _____
컵 두 개

② a cat → two _____
고양이 두 마리

③ an apple → three _____
사과 세 개

④ an ear → two _____
귀 두 개

⑤ a ball → two _____
공 두 개

⑥ a car → ten _____
자동차 열 대

Rule 1-2 -s, -x, -ch, -sh, -o로 끝나는 명사는 -es를 붙여서 복수로 만들어요

B 다음 단수 명사 끝에 -es를 붙여 복수로 표현해 보세요.

❶ I have a glass. You have two _____.

나는 잔이 한 개가 있다. 너는 잔이 두 개다.

❷ I need a box. He needs two _____.

나는 상자 한 개가 필요하다. 그는 상자 두 개가 필요하다.

❸ I use a dish. She uses three _____.

나는 접시 한 개를 쓴다. 그녀는 접시 세 개를 쓴다.

❹ I buy a tomato. They buy five _____.

나는 토마토 한 개를 산다. 그들은 토마토 다섯 개를 산다.

Rule 1-3 '자음 + y'로 끝나는 명사는 y를 i로 고치고 -es를 붙여서 복수로 만들어요.
f, fe로 끝나는 명사는 f, fe를 v로 고치고 -es를 붙여요.

a city → cit**ies**   a leaf → lea**ves**

⬇   ⬇

y → i   f → v

C 다음 단수 명사의 복수형을 써 보세요.

❶ a baby → two _____   ❷ a puppy → three _____

아기 두 명   강아지 세 마리

❸ a leaf → many _____   ❹ a knife → two _____

많은 나뭇잎들   칼 두 자루

Rule 2-1	**불규칙 형태의 복수**
	명사의 복수형을 만들 때 -s나 -es를 붙이지 않고 **단수와 복수의 모양이 항상 같은 경우**가 있어요.

a fish → four fish**es** (×)
four fish (○)

D 다음 명사의 복수형을 단수와 똑같이 써 보세요.

a fish   a deer   a sheep

❶ some _____
물고기 몇 마리

❷ two _____
사슴 두 마리

❸ many _____
많은 양

Rule 2-2	명사의 복수형을 만들 때 -s나 -es를 붙이지 않고 **단수와 복수의 모양이 바뀌는 경우**가 있어요.

E 다음 각 단수 명사의 복수형을 찾아 연결해 보세요.

❶ a foot   **❷** a man   **❸** a child   **❹** a woman   **❺** a mouse
•   •   •   •   •

•   •   •   •   •
ⓐ men   **ⓑ** children   **ⓒ** two feet   **ⓓ** mice   **ⓔ** women
남자들   아이들   두 발   쥐들   여자들

Rule 2-3	a / an은 하나를 나타내므로 **복수 명사와 함께 쓸 수 없어요**. 그러나 the는 함께 쓸 수 있어요.

F 빈칸에 '복수 명사'를 넣어 문장을 완성하세요.

❶ The _____ play outside. 그 아이들은 밖에서 논다.
　　　　 아이들

❷ I saw two _____. 쥐 두 마리를 봤어.
　　　　　　　 쥐들

❸ The _____ are tall. 그 남자들은 키가 크다.
　　　　 남자들

❹ Put your _____ apart. 양발을 벌려 봐.
　　　　　 (두) 발

❺ Do _____ eat _____? 양들은 나뭇잎을 먹어요?
　　　 양들　　　　　　 나뭇잎들

Rule 3-1	**셀 수 없는 명사**
	명사는 **셀 수 있는 명사**와 **셀 수 없는 명사**로 나눌 수 있어요.

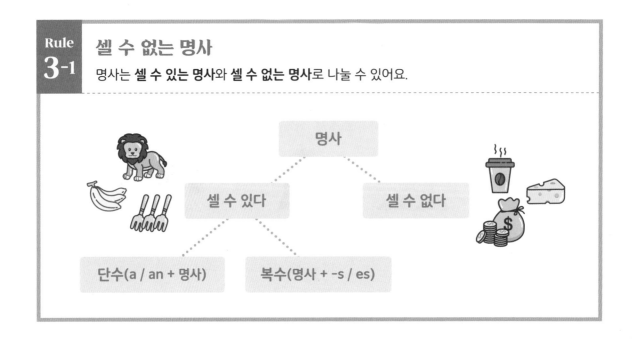

Rule 3-2 셀 수 없는 명사의 종류

1 벤(Ben), 한국(Korea), 월요일(Monday)처럼 **사람, 장소, 요일 같은 고유한 이름**
2 공기(air), 물(water), 시간(time)처럼 **일정한 형태가 없는 물질**
3 사랑(love), 평화(peace), 행복(happiness)처럼 **눈에 보이지 않는 감정이나 개념**

G 다음 단어들이 어디에 해당되는지 연결해 보세요.

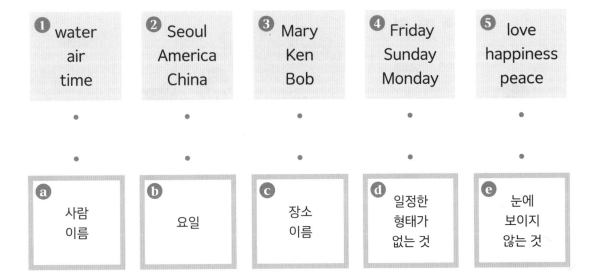

① water air time ② Seoul America China ③ Mary Ken Bob ④ Friday Sunday Monday ⑤ love happiness peace

ⓐ 사람 이름 ⓑ 요일 ⓒ 장소 이름 ⓓ 일정한 형태가 없는 것 ⓔ 눈에 보이지 않는 것

Rule 3-3 셀 수 있는 명사는 '하나, 둘'이라고 셀 수 있어 **a / an**을 앞에 쓰거나 복수형으로 만들 수 있어요.
셀 수 없는 명사는 셀 수 없어서 a / an을 앞에 쓰거나 복수형으로 만들 수 없어요.

H 다음 단어들을 셀 수 있는 명사와 셀 수 없는 명사로 구분해 보세요.

cup Mary fish coffee time
baby water love men Sunday

셀 수 있는 명사	셀 수 없 는 명사

Unit 03

이름을 대신하는 인칭대명사

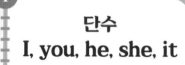

Rule 1	Rule 2	Rule 3
단수 I, you, he, she, it	복수 we, you, they	해석하지 않는 it

Rule 1-1

단수 I, you, he, she, it

인칭대명사는 **사람이나 사물, 동물의 이름을 대신하여 부르는 말**이에요.

먼저 **주어 역할**을 하며 **단수인 인칭대명사**를 익혀 봐요. I는 항상 대문자로 써야 해요.

I	You / you	He / he	She / she	It / it
나는	너는	그는	그녀는	그것은

A 우리말에 알맞은 인칭대명사를 써 보세요. 문장의 첫 글자는 대문자로 써야 해요.

❶ _____ am Eric. _____ am happy.

　나는 에릭이야. 나는 즐거워.

❷ _____ is Jane. _____ runs fast.

　그녀는 제인이야. 그녀는 빨리 달려.

❸ _____ are tall. _____ look nice.

　너는 키가 크구나. 너는 멋져 보여.

❹ _____ is my dog. _____ follows me around.

　그것은 우리 개야. 그것은 나를 졸졸 따라다녀.

❺ _____ is my friend. _____ is a soccer player.

　그는 내 친구야. 그는 축구 선수야.

Rule 1-2	인칭대명사는 **앞에 나온 명사를 대신**해요. 앞에 나온 명사가 **주어로 다시 나올 때** **단수 / 복수**인지, **사물 / 사람 / 동물**인지, **남자 / 여자**인지를 구분해야 해요.

the boy / David / a man → **He / he** (단수 / 복수, 사람 / 사물 / 동물, 남자 / 여자)
그 소년이 / 데이비드가 / 남자가

my sister / Mary / a girl → **She / she** (단수 / 복수, 사람 / 사물 / 동물, 남자 / 여자)
내 여동생이 / 메리가 / 소녀가

the chair / your cat / the book → **It / it** (단수 / 복수, 사람 / 사물 / 동물, 남자 / 여자)
그 의자가 / 네 고양이가 / 그 책이

B 밑줄 친 명사에 해당하는 것을 찾아 동그라미하고 빈칸에 알맞은 인칭대명사(He, She, It)를 써 보세요.

❶ The girl likes math. _____ is very smart.

(단수 / 복수, 사람 / 사물 / 동물, 남자 / 여자)

그 소녀는 수학을 좋아해. 그녀는 무척 영리해.

❷ This is my bike. _____ is new.

(단수 / 복수, 사람 / 사물 / 동물, 남자 / 여자)

이것은 내 자전거야. 그것은 새거야.

❸ Tom is at school. _____ comes at two.

(단수 / 복수, 사람 / 사물 / 동물, 남자 / 여자)

톰은 학교에 있어. 그는 2시에 와.

❹ An owl is a bird. _____ hunts at night.

(단수 / 복수, 사람 / 사물 / 동물, 남자 / 여자)

올빼미는 새야. 그것은 밤에 사냥을 해.

Rule 2-1	복수 we, you, they
	주어 역할을 하며 복수인 인칭대명사를 익혀 봐요.

We / we	You / you	They / they	
우리는	너희들은	그들은, 그것들은	

C 우리말에 알맞은 인칭대명사를 써 보세요. 문장의 첫 글자는 대문자로 써야 해요.

❶ _____ are students. _____ are late today.

너희는 학생이야. 너희들은 오늘 늦었네.

❷ _____ are friends. _____ are always happy.

우리는 친구야. 우리는 항상 즐거워.

❸ _____ are Jane and Jenny. _____ are sisters.

그들이 제인과 제니야. 그들은 자매야.

❹ _____ are my cats. _____ are very cute.

그것들은 내 고양이야. 그것들은 무척 귀여워.

Rule 2-2 앞에 나온 **명사가 주어로 다시 나올 때** 인칭대명사로 고쳐야 해요. 이 때 **단수/복수**인지 구분해야 해요. 또, **나를 포함한 경우**인지도 알아봐야 해요.

D 밑줄 친 명사에 해당하는 것을 괄호 안에서 찾아 동그라미하고 빈칸에 알맞은 We, 또는 They를 쓰세요.

❶ Tom and I are friends. _____ are ten years old. (나를 포함, 단수 / 복수)

톰과 나는 친구야. 우리는 10살이야.

❷ You and I are old friends. _____ are best. (나를 포함, 단수 / 복수)

너와 난 오랜 친구야. 우리가 최고야.

❸ The girls like music. _____ sing together. (나를 포함, 단수 / 복수)

그 소녀들은 음악을 좋아해. 그들은 함께 노래를 불러.

❹ These are my books. _____ are fun. (나를 포함, 단수 / 복수)

이것들은 내 책이야. 그것들은 재미있어.

❺ Jack and Jane are at school. _____ come at two. (나를 포함, 단수 / 복수)

잭과 제인은 학교에 있어. 그들은 2시에 와.

Rule 3

해석하지 않는 it

인칭대명사 it은 **시간, 날짜, 요일, 날씨, 거리** 등을 나타내는 문장의 주어로 쓰여요.
이때 **it**은 해석하지 않아요.

시간	It is two o'clock. 2시야.
날짜	It is May 5th. 5월 5일이야.
요일	It is Monday. 월요일이야.
날씨	It is windy. 바람이 불어.
거리	It is far. 멀어.

E 다음 각 문장의 빈칸에 It을 쓰고 문장의 뜻을 찾아 연결해 보세요.

❶ _____ is May 1st. •   • ⓐ 일요일이야.

❷ _____ is 12:30. •   • ⓑ 오늘은 추워.

❸ _____ is Sunday. •   • ⓒ 4시야.

❹ _____ is cold today. •   • ⓓ 5월 1일이야.

❺ _____ is near. •   • ⓔ 12시 30분이야.

❻ _____ is four o'clock. •   • ⓕ 가까워.

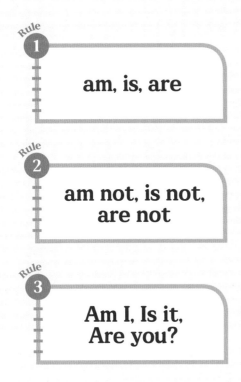

Rule 1

am, is, are

Rule 2

am not, is not, are not

Rule 3

Am I, Is it, Are you?

나는 am 스타일!

그녀와 그는 is 스타일!

너와 우리는 are 스타일!

우리는 모두 be동사 스타일!

Rule 1-1

am, is, are

be동사는 '~이다, ~ 있다'라는 뜻으로 주어에 따라 모양이 달라요.
be동사 앞에 인칭대명사가 오는 경우를 살펴볼까요?

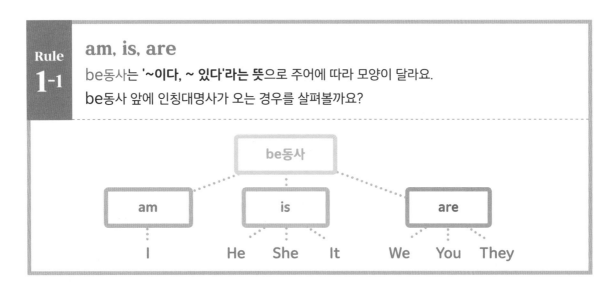

be동사

| am | is | are |

| I | He She It | We You They |

A 다음 빈칸에 주어에 맞는 be동사를 써 보세요.

❶ I _____   ❷ You _____   ❸ He _____   ❹ They _____

❺ She _____   ❻ We _____   ❼ It _____

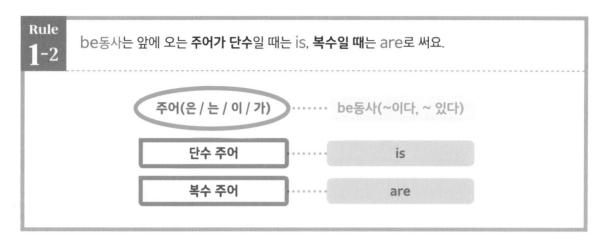

Rule 1-2 be동사는 앞에 오는 **주어가 단수**일 때는 is, **복수일 때**는 are로 써요.

주어(은 / 는 / 이 / 가) ······ be동사(~이다, ~ 있다)

| 단수 주어 | ······ | is |
| 복수 주어 | ······ | are |

B 다음 빈칸에 주어에 맞는 be동사를 써서 문장을 완성하세요.

❶ A bus _____ coming. Three buses _____ leaving.
버스 한 대가 오고 있다. 버스 세 대는 떠나고 있다.

❷ Jane _____ a dancer. Her sisters _____ singers.
제인은 무용수다. 그녀의 언니들은 가수이다.

❸ My books _____ here. Your books _____ on the desk.
내 책들은 여기 있다. 네 책들은 책상 위에 있다.

❹ The cups _____ new. This cup _____ old.
저 컵들은 새것이다. 이 컵은 헌것이다.

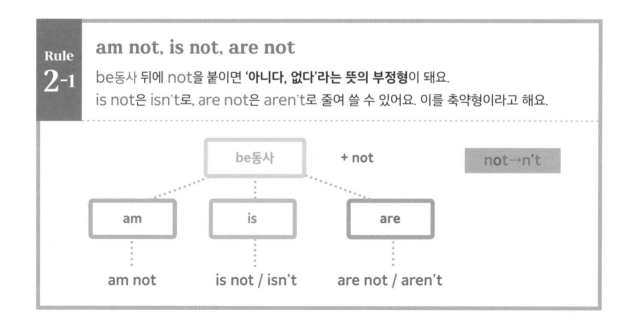

Rule 2-1

am not, is not, are not

be동사 뒤에 not을 붙이면 **'아니다, 없다'라는 뜻의 부정형**이 돼요.
is not은 isn't로, are not은 aren't로 줄여 쓸 수 있어요. 이를 축약형이라고 해요.

be동사 + not   not→n't

am   is   are

am not   is not / isn't   are not / aren't

C 다음 빈칸에 주어에 맞는 'be동사 + not'을 써 보세요. 축약형도 같이 써 보세요.

❶ I _____

❷ It _____ / _____

❸ He _____ / _____

❹ They _____ / _____

❺ She _____ / _____

❻ We _____ / _____

❼ You _____ / _____

❽ A bus _____ / _____

❾ Tom _____ / _____

❿ Your friends _____ / _____

Rule 2-2

부정형이 들어간 문장을 부정문이라고 해요.
단수 주어는 isn't, 복수 주어는 aren't로 써요. 실제로 축약형을 더 많이 써요.

주어(은 / 는 / 이 / 가) ┈┈┈ be동사(~ 아니다, ~ 없다)

| 단수 주어 | ┈┈┈ | isn't |
| 복수 주어 | ┈┈┈ | aren't |

D 다음 문장을 'be동사 + n't'을 써서 부정문으로 고쳐 쓰세요.

❶ Jane is a singer.   ↔ _____.
제인은 가수다.   제인은 가수가 아니다.

❷ My books are here. ↔ _____.
내 책들은 여기 있다.   내 책들은 여기 없다.

❸ The shoes are new. ↔ _____.
그 신발은 새것이다.   그 신발은 새것이 아니다.

❹ We are hungry.   ↔ _____.
우리는 배가 고프다.   우리는 배고프지 않다.

Rule 3-1

Am I, Is it, Are you?

be동사를 주어 앞에 쓰면 **'~이니?, ~ 있니?'라는 뜻의** 의문문이 돼요.
이때 be동사의 첫 글자는 대문자로 써요.

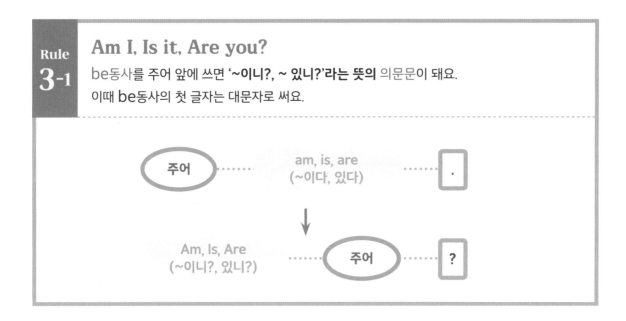

E 다음 '주어 + be동사'를 의문문 순서로 바꿔 써서 문장을 완성해 보세요.

① I am sick. → _____ sick? 제가 아파요?

② You are fine. → _____ fine? 너는 괜찮니?

③ He is late. → _____ late? 그는 지각이니?

④ They are here. → _____ here? 그들은 여기 있니?

⑤ She is strong. → _____ strong? 그녀는 튼튼해요?

⑥ We are wrong. → _____ wrong? 우리가 틀렸니?

⑦ It is my bag. → _____ my bag? 그것은 제 가방인가요?

⑧ The fish are big. → _____ big? 그 물고기들은 커요?

Be동사(~이니?, ~ 있니?) ····	주어(은 / 는 / 이 / 가) ····	?
Am ·····	I	
Is ·····	단수 주어 (he, she, it)	
Are ·····	복수 주어 (we, you, they)	

F 주어 뒤에 알맞은 be동사를 쓰고, '주어 + be동사'를 의문문 순서로 바꿔 써 보세요.

❶ You _____ happy.　　→ _____?

　　너는 기뻐?

❷ My sister _____ here.　→ _____?

　　우리 언니가 여기 있어?

❸ Mary _____ tired.　　→ _____?

　　메리는 피곤하니?

❹ We _____ friends.　　→ _____?

　　우리가 친구니?

❺ She _____ from New York. → _____?

　　그녀는 뉴욕 출신이니?

❻ The boys _____ quiet.　→ _____?

　　소년들은 조용하니?

Review 1 ▸▸▸ 퀴즈의 답을 빈칸에 채우거나 괄호 안에서 고르세요.

Unit 01 세상 모든 것의 이름, 명사

Rule 1-1	명사	사람, _____, 동물, _____ 등 모든 것의 _____이에요.

Rule 2	a와 an의 의미	a와 _____은 (하나 / 여러 개)를 의미해요.

Rule 2	an의 위치	an은 (모음 / 자음)으로 시작하는 명사 (앞 / 뒤)에 써요.

Rule 3-1	the의 뜻	the는 앞에서 (이미 / 아직) 말한 것을 나타내거나 무엇을 의미하는지 (알고 / 모르고) 있는 경우에 써요.

Unit 02 셀 수 있는 명사와 셀 수 없는 명사

Rule 1-1	복수	복수란 _____ 이상의 명사를 나타내요. 하나인 명사는 단수라고 해요.

Rule 1-1,2,3	복수 명사의 형태	복수 명사는 보통 끝에 -s나 - _____를 붙여요.

Rule 2-1	fish, deer, sheep 의 공통점	모두 단수형과 복수형의 모양이 (같아요 / 달라요).

Rule 3-3	셀 수 없는 명사와 복수형	셀 수 없는 명사는 복수형을 만들 수 (있어요 / 없어요). 셀 수 없어서 a나 an을 함께 쓸 수 (있어요 / 없어요).

Unit 03 　이름을 대신하는 인칭대명사

| Rule 1-1 | 인칭대명사 | 사람이나 _____, 동물의 이름을 _____하여 부르는 말이예요. |

| Rule 1-1,2 | 단수 인칭대명사의 종류 | I(내가), _____(네가), _____(그가), _____(그녀가), _____(그것이)이에요. |

| Rule 2-1 | 복수 인칭대명사의 종류 | _____(우리가), you(너희들이), _____ 그들[그것들]이에요. |

| Rule 3 | 주어 it을 해석하지 않는 경우 | 문장의 주어 it이 '시간, _____, 요일, _____, 거리'를 나타낼 때 해석하지 않아요. |

Unit 04 　'이다, 있다'의 be동사

| Rule 1-1,2 | be동사 is | (단수 / 복수) 주어와 인칭대명사 _____, she, _____와 같이 써요. |

| Rule 1-1,2 | be동사 are | (단수 / 복수) 주어와 인칭대명사 _____, you, _____와 같이 써요. |

| Rule 2-1 | be동사 부정문 | be동사 뒤에 _____을 붙여요. |

| Rule 3-1 | be동사 의문문 | be동사를 주어 (앞 / 뒤)에 쓰고 문장 끝에 (. / ? / !)를 써요. |

누구의 것인지 소유를 나타내는 말

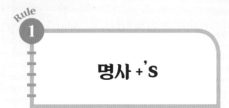

Rule 1

명사 + 's

Rule 2

my, your, his, her, its

Rule 3

our, your, their

Rule 1-1	명사+'s

'누구의'라는 소유를 나타낼 때 **사람이나 동물을 나타내는 명사 뒤에 아포스트로피(') + s를 써요.**

- Mary's shoes: 메리의 신발
- the boy's bike: 소년의 자전거
- the cat's tail: 고양이의 꼬리

A 다음 명사 뒤에 's를 붙여서 소유를 표현해 보세요.

❶ Tom → _____ shoes ❷ the baby → the _____ toys
　　　　　톰의　　　　　　　　　　　　　　　　아기의

❸ Mr. Kim → _____ bike ❹ my brother → my _____ school
　　　　　　김 선생님의　　　　　　　　　　　　　　　형의

❺ a bird → a _____ wings ❻ the dog → the _____ house
　　　　　　　새의　　　　　　　　　　　　　　　개의

<table>
<tr><td colspan="2">Rule 1-2</td></tr>
</table>

Rule 1-2

명사 뒤에 s가 붙는 두 가지 경우를 비교해 봐요. **명사 뒤에 오는 's는 소유를 나타내지만** **s만 붙이면 복수형을 나타내요.**

명사 + 's (~의)	명사 + s (~들)
girl's	girls
dog's	dogs

B 다음 우리말에 맞게 명사 뒤에 's를 써서 문장을 완성하세요.

❶ My sister has pens. They are my _____.

내 여동생은 펜이 있어. 그것들은 내 여동생의 펜이야.

❷ The bird has a nest. It's the _____.

그 새는 둥지가 있어. 그건 그 새의 둥지야.

❸ Mr. Brown has a car. It's _____.

브라운 씨는 차가 있어. 그건 브라운 씨의 차야.

❹ Kevin has a backpack. It's _____.

케빈은 책가방이 있어. 그건 케빈의 책가방이야.

❺ The farmer has boots. They are the _____.

그 농부는 장화가 있어. 그건 그 농부의 장화야.

my, your, his, her, its

인칭대명사가 '~의' 의미로 쓰일 때 이를 소유격이라고 해요.

먼저 **단수인 인칭대명사의 소유격**을 익혀 봐요. 주어로 쓰인 모양과 비교하며 익혀 보세요.

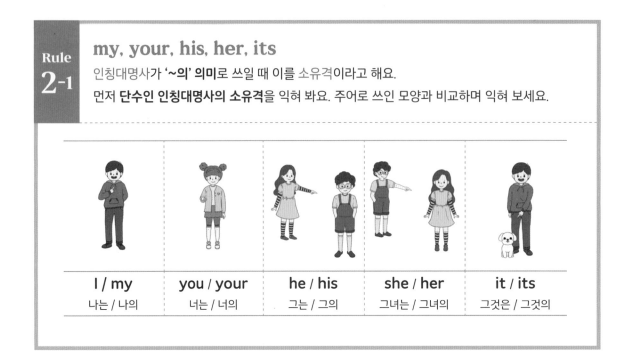

I / my	you / your	he / his	she / her	it / its
나는 / 나의	너는 / 너의	그는 / 그의	그녀는 / 그녀의	그것은 / 그것의

C 빈칸에 알맞은 인칭대명사의 소유격을 써 보세요.

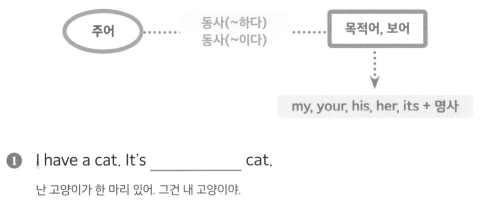

❶ I have a cat. It's _____ cat.

난 고양이가 한 마리 있어. 그건 내 고양이야.

❷ You have a present. You will like _____ present.

넌 선물이 있어. 넌 네 선물이 마음에 들 거야.

❸ He has a book. It's _____ book.

그는 책이 있어. 그건 그의 책이야.

❹ Mom has a bag. She likes _____ bag.

엄마는 가방이 있어. 엄마는 엄마의 가방을 맘에 들어 해.

❺ The dog has a house. It likes _____ house.

그 개는 집이 있어. 그건 자기 집을 좋아해.

Rule 2-2 인칭대명사 소유격 뒤에는 **명사**를 써요.

D 다음 우리말에 맞게 인칭대명사 소유격을 써 보세요.

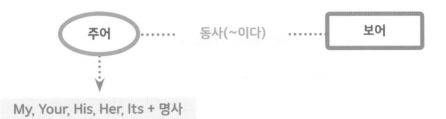

① I have a shirt. _____ shirt is white.

난 셔츠가 있어. 내 셔츠는 흰색이야.

② Jane has a skirt. _____ skirt is blue.

제인은 치마가 있어. 그녀의 치마는 파란색이야.

③ Ben has a cap. _____ cap is new.

벤은 모자가 있어. 그의 모자는 새것이야.

④ You have pants. _____ pants are short.

너는 바지가 있어. 네 바지는 짧아.

⑤ The dog has black fur. _____ fur is long.

그 개는 검은 털이 있어. 그것의 털은 길어.

Rule 3 **our, your, their**
복수 인칭대명사의 소유격을 알아봐요. 주어로 쓰인 모양과 비교하며 익혀 보세요.

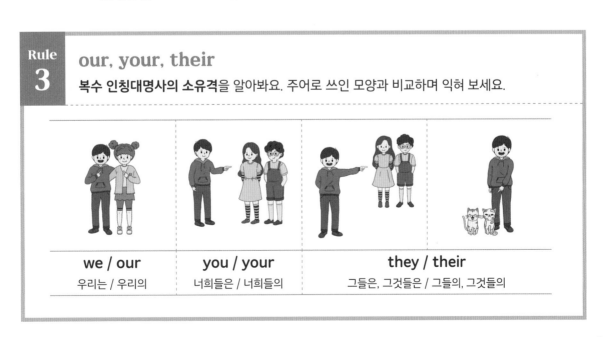

we / our	**you / your**	**they / their**
우리는 / 우리의	너희들은 / 너희들의	그들은, 그것들은 / 그들의, 그것들의

E 문장 주어에 맞는 인칭대명사의 소유격을 써 보세요.

❶ We clean _____ house on Sunday. 우리는 일요일에 우리 집을 청소한다.

❷ They walk _____ dog every day. 그들은 매일 그들의 개를 산책시킨다

❸ You should wash _____ hands. 너희는 (너희의) 손을 씻어야 한다.

❹ Students are doing _____ homework. 학생들은 그들의 숙제를 하고 있다.

F 다음 우리말에 맞게 알맞은 인칭대명사의 소유격을 써 보세요.

❶ We share a room together. _____ room is messy.
우리는 방을 같이 쓴다. 우리 방은 지저분하다.

❷ The boys are happy. _____ voices are loud.
그 소년들은 행복하다. 그들의 목소리는 크다.

❸ Amy has many friends. _____ school is over.
에이미는 친구가 많다. 그들의 수업은 끝났다.

❹ Please don't touch anything. _____ hands are dirty.
아무것도 만지지 마. 너희 손은 더러워.

목적어로 쓰이는 인칭대명사

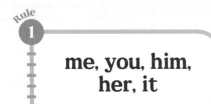

Rule 1
me, you, him, her, it

Rule 2
us, you, them

Rule 3
주격, 소유격, 목적격

Rule 1-1

me, you, him, her, it

인칭대명사가 '~을, ~를'의 의미로 쓰일 때 이를 목적격이라고 해요.
먼저 단수인 인칭대명사의 목적격을 익혀 봐요. 주어인 주격과 모양을 비교해 보세요.

I / me	you / you	he / him	she / her	it / it
내가 / 나를	네가 / 너를	그가 / 그를	그녀가 / 그녀를	그것이 / 그것을

A 빈칸에 알맞은 인칭대명사의 목적격과 뜻을 써 보세요.

~은 / 는 / 이 / 가(주격)	~의(소유격)	~을 / 를(목적격)
I	my	❶ me / 나를
you	your	❷
he	his	❸
she	her	❹
it	its	❺

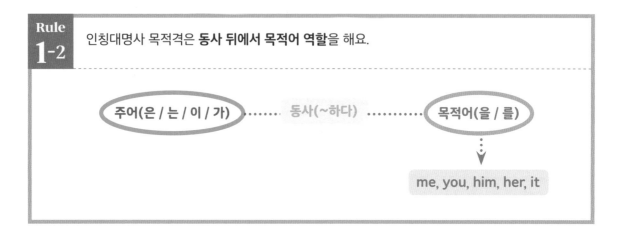

> **Rule 1-2**
>
> 인칭대명사 목적격은 **동사 뒤에서 목적어 역할**을 해요.
>
> 주어(은 / 는 / 이 / 가) ······· 동사(~하다) ·········· 목적어(을 / 를)
>
> me, you, him, her, it

B 빈칸에 알맞은 인칭대명사의 목적격을 써 보세요.

❶ I have a cat. I like _____.

나는 고양이 한 마리가 있다. 나는 그것을 좋아한다.

❷ You have a brother. You love _____.

너는 오빠가 한 명 있다. 너는 그를 사랑한다.

❸ He has a wife. He loves _____.

그는 아내가 있다. 그는 그녀를 사랑한다.

❹ You are my friend. I like _____.

너는 내 친구이다. 나는 너를 좋아한다.

❺ I am your friend. You like _____.

나는 네 친구이다. 너는 나를 좋아한다.

Rule 2-1

us, you, them

복수 인칭대명사의 목적격을 익혀 봐요. 주격과 모양을 비교하며 익혀 보세요.

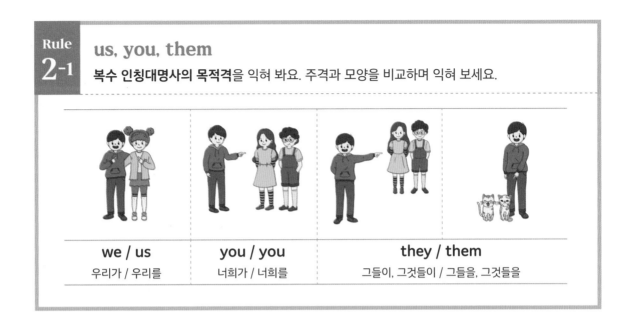

we / us	you / you	they / them
우리가 / 우리를	너희가 / 너희를	그들이, 그것들이 / 그들을, 그것들을

C 빈칸에 알맞은 인칭대명사의 목적격과 뜻을 써 보세요.

~은 / 는 / 이 / 가(주격)	~의(소유격)	~을 / 를(목적격)
we	our	❶
you	your	❷
they	their	❸

Rule 2-2

인칭대명사 목적격은 **동사 뒤에서 목적어 역할**을 해요.

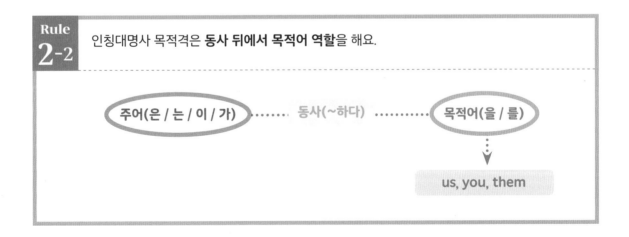

D 빈칸에 알맞은 인칭대명사의 목적격을 써 보세요.

> **They are** Jane and Bob. **I know them.**
> 제인과 밥   그들을

❶ I have a cat and a dog.

나는 고양이 한 마리와 개 한 마리가 있다.

I like _____.

나는 그것들을 좋아한다.

❷ You have two brothers.

너는 오빠가 두 명 있다.

You love _____.

너는 그들을 사랑한다.

❸ He has two sisters.

그는 누나가 두 명 있다.

He loves _____.

그는 그들을 사랑한다.

❹ You and Jane are my friends.

너와 제인은 내 친구이다.

I like _____.

나는 너희들을 좋아한다.

❺ Mary helps you and me.

메리는 너와 나를 돕는다.

She likes _____.

그녀는 우리를 좋아한다.

❻ We're in front of the school.

우리는 학교 앞에 있다.

Can you see _____?

우리를 볼 수 있어[우리가 보여]?

❼ Have you seen my boots?

내 부츠 봤어?

I can't find _____.

그것들을 못 찾겠어.

E 다음 각 문장의 목적어를 인칭대명사의 목적격으로 고쳐 문장을 다시 쓰세요.

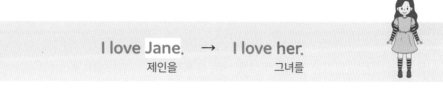

I love Jane. → I love her.
제인을   그녀를

❶ I know Jane's brothers.

나는 제인의 오빠들을 안다.

→ _____ .

❷ We help Mr. Brown.

우리는 브라운씨를 돕는다.

→ _____ .

❸ I like your dog.

나는 네 개를 좋아한다.

→ _____ .

❹ He likes his friends.

그는 그의 친구들을 좋아한다.

→ _____ .

❺ Ben loves Amy.

벤은 에이미를 사랑한다.

→ _____ .

❻ I listen to the song every day.

나는 그 노래를 매일 듣는다.

→ _____ .

❼ I will ask you and your friend again.

내가 너랑 네 친구에게 다시 물어볼 것이다.

→ _____ .

F 다음 표의 빈칸에 알맞은 인칭대명사를 채워 보세요.

~은 / 는 / 이 / 가(주격)	~의(소유격)	~을 / 를(목적격)
I	my	❶
❷	❸	you
he	his	❹
she	❺	her
❻	its	it
we	❼	❽
they	❾	them

G 각 표의 빈칸에 알맞은 인칭대명사를 채워 보세요.

단수형 ▶

~은 / 는 / 이 / 가	~의	~을 / 를
내가:	나의:	나를:
네가:	너의:	너를:
그가:	그의:	그를:
그녀가:	그녀의:	그녀를:
그것이:	그것의:	그것을:

복수형 ▶

~은 / 는 / 이 / 가	~의	~을 / 를
우리가:	우리의:	우리를:
너희가:	너희의:	너희를:
그들이:	그들의:	그들을:

수와 양을 나타내는 수량형용사

Rule 1 many, much

Rule 2 a few, a little

Rule 3 a lot of, some

Too many books!
Too much homework!

Too little juice!
Too few cookies!

Rule 1-1 **many, much**

many는 '많은'의 뜻으로 개수를 나타내는 수량형용사예요.
many는 '하나, 둘, 셋'처럼 셀 수 있는 복수 명사와 함께 써요.

an apple   many apple**s**   fish   many fish

A 주어진 단어를 이용하여 'many + 복수형'으로 써 보세요.

> friend
> cookie
> toy
> room

❶ 많은 장난감들 : _____

❷ 많은 쿠키들 : _____

❸ 많은 방들 : _____

❹ 많은 친구들 : _____

Rule 1-2	much는 **'많은'의 의미**로 양을 나타내는 수량형용사예요. much는 **셀 수 없는 단수 명사와 함께** 써요.

rice　　　chocolate　　　milk　　　bread　　　money

B 주어진 단어와 우리말을 보고 'much + 단수형'으로 써 보세요.

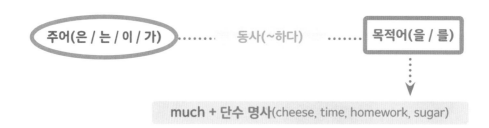

주어(은 / 는 / 이 / 가) ······· 동사(~하다) ······· 목적어(을 / 를)

much + 단수 명사(cheese, time, homework, sugar)

❶ This cake has too _____ in it. 이 케이크에는 설탕이 너무 많이 들어 있다.

❷ Don't eat too _____. 치즈를 너무 많이 먹지 마.

❸ You don't have _____ today. 너 오늘 숙제가 많이 없구나.

❹ Come on! We don't have _____. 서둘러! 우리 시간 많이 없어.

a few, a little

a few는 '**조금, 약간**'의 뜻으로 **개수**를 나타내는 수량형용사예요.
a few는 many처럼 '하나, 둘, 셋'과 같이 **셀 수 있는 복수 명사와 함께** 써요.

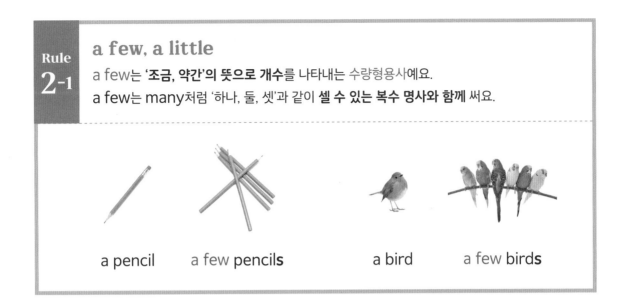

a pencil   a few pencil**s**   a bird   a few bird**s**

C 주어진 단어와 우리말을 보고 'a few + 복수형'으로 써 보세요.

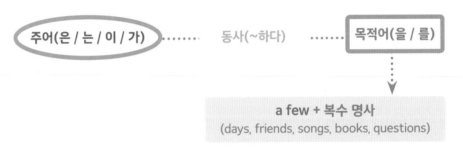

a few + 복수 명사
(days, friends, songs, books, questions)

❶ I have _____. 질문이 몇 가지 있어요.

❷ I stayed _____ in Paris. 파리에서 며칠 머물렀다.

❸ I met _____ today. 오늘은 친구들을 몇 명 만났다.

❹ We sang _____. 우리는 노래를 몇 곡 불렀다.

❺ I read _____ today. 오늘 책을 몇 권 읽었다.

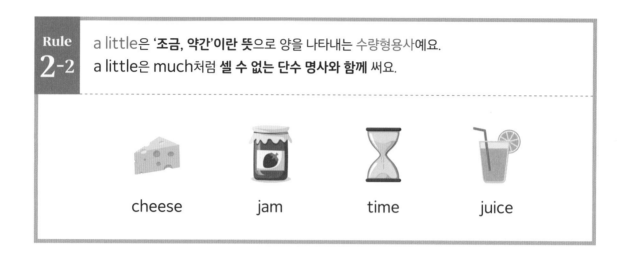

Rule 2-2

a little은 '**조금, 약간**'이란 뜻으로 양을 나타내는 수량형용사예요.
a little은 much처럼 **셀 수 없는 단수 명사와** 함께 써요.

cheese   jam   time   juice

D   괄호 뒤 명사에 알맞은 수량형용사를 고르세요.

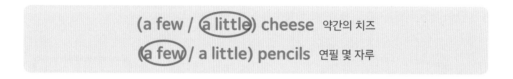

(a few / (a little)) cheese   약간의 치즈
((a few) / a little) pencils   연필 몇 자루

❶   (a few / a little) apples   사과 몇 개

❷   (a few / a little) children   아이들 몇 명

❸   (a few / a little) apple juice   사과 주스 조금

❹   (a few / a little) eggs   달걀 몇 개

❺   (a few / a little) time   시간 조금

❻   (a few / a little) strawberry jam   딸기잼 약간

<table>
<tr><td rowspan="2">Rule
3-1</td><td>**a lot of, some**</td></tr>
<tr><td>a lot of는 '**많은**'이란 뜻으로 **many**나 **much**를 대신해서 쓸 수 있는 수량형용사예요.
a lot of는 **복수 명사, 단수 명사 모두 같이** 쓸 수 있어요.</td></tr>
</table>

많은	셀 수 있는 명사와 함께	셀 수 없는 명사와 함께
	many	much
	a lot of	

E 괄호 안에서 뒤에 오는 명사와 어울리는 표현을 고른 뒤 a lot of를 이용하여 다시 써 보세요.

> many chairs → a lot of chairs 많은 의자들
> much milk → a lot of milk 많은 우유

❶ (many, much) books → _____ 많은 책들

❷ (many, much) cheese → _____ 많은 치즈

❸ (many, much) friends → _____ 많은 친구들

❹ (many, much) time → _____ 많은 시간

❺ (many, much) days → _____ 많은 날들

❻ (many, much) snow → _____ 많은 눈

Rule 3-2	some은 '조금, 약간'이란 뜻으로 **a few**나 **a little**을 대신해서 쓸 수 있는 수량형용사예요. some은 **복수 명사, 단수 명사 모두 같이 쓸 수 있어요.**

	셀 수 있는 명사와 함께	셀 수 없는 명사와 함께
조금, 약간	a few	a little
	some	

F 괄호 안에서 뒤에 오는 명사와 어울리는 표현을 고른 뒤 some을 이용하여 다시 써 보세요.

> a few chairs → some chairs 의자 몇 개
> a little milk → some milk 우유 약간

❶ (a few, a little) eggs   → _____ 달걀 몇 개

❷ (a few, a little) sugar   → _____ 설탕 약간

❸ (a few, a little) children → _____ 아이들 몇 명

❹ (a few, a little) money   → _____ 약간의 돈

❺ (a few, a little) years   → _____ 몇 년

❻ (a few, a little) rain   → _____ 약간의 비

Unit 08
{ 가까이 또는 멀리 있는 것을 가리키는 말 }

Rule 1

this, that

Rule 2

this book,
that book

Rule 3

these, those

Rule 1-1

this, that

this는 '이것'이란 뜻으로 **가까이 있는 대상**을 가리킬 때 쓰는 **지시대명사**예요.
that는 '저것'이란 뜻으로 **멀리 있는 대상**을 가리켜요.

this 이것

that 저것

A 그림을 보고 알맞은 지시대명사를 고르세요.

① (this / that) ② (this / that) ③ (this / that)

Rule 1-2

this와 that은 **하나 또는 한 명을 가리키는 말**이므로 **단수** 취급해요.

This + is/are   That + is/are

B 우리말에 맞게 문장을 완성해 보세요. 문장 첫 글자는 대문자로 써 주세요.

① _____ a library. 이곳은 도서관이다.

② _____ my bike. 저것은 내 자전거야.

③ _____ your book. 이것은 네 책이다.

④ _____ an umbrella. 저것은 우신이야.

Rule 2-1

this book, that book

this는 '**이**', that은 '**저**'의 뜻으로 **명사 앞**에서 꾸며 주는 지시형용사로 쓰여요.

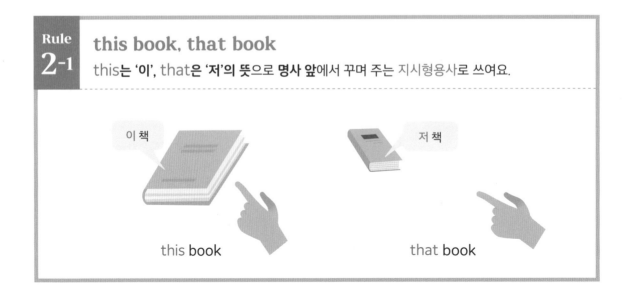

이 책   저 책

this book   that book

C 그림에 알맞은 지시형용사를 고른 후, 명사와 함께 쓰세요.

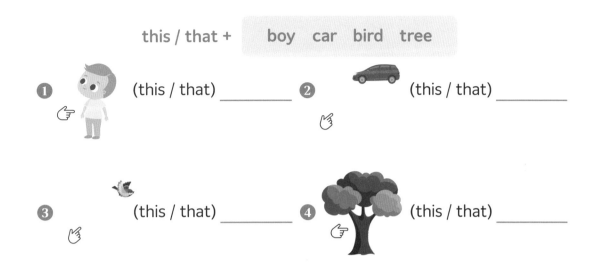

this / that +   boy   car   bird   tree

❶ (this / that) _____   ❷ (this / that) _____

❸ (this / that) _____   ❹ (this / that) _____

Rule 2-2 this와 that은 **단수 명사**와 함께 쓰고 **단수 취급**을 해요.

D 우리말을 보고 문장의 빈칸에 'this / that + 단수 명사'로 써 보세요.

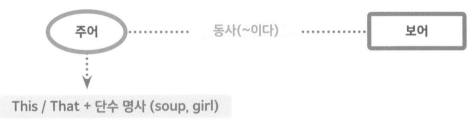

주어 ·········· 동사(~이다) ·········· 보어

This / That + 단수 명사 (soup, girl)

❶ _____ is shy. 저 소녀는 부끄러움이 많아.

❷ _____ is hot! 이 수프는 뜨거워!

주어 ·········· 동사(~하다) ·········· 목적어

this / that + 단수 명사 (story, music)

❸ We know _____. 우리는 이 음악을 알아.

❹ Children like _____. 아이들은 이 이야기를 좋아해.

Rule 3-1	**these, those** these는 '이것들'이라는 뜻으로 **가까이 있는 대상**을, those는 '저것들'이라는 뜻으로 **멀리 있는 대상을 가리키는** 지시대명사예요.

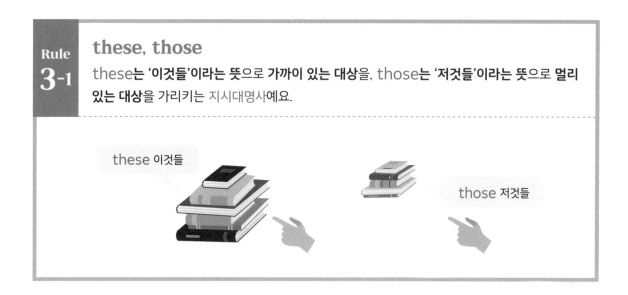

Rule 3-2	these는 **this의 복수형**이며, those는 **that의 복수형**이에요.

E 우리말에 맞게 문장을 완성해 보세요. 주어가 복수이므로 동사는 **are**와 같이 써요.

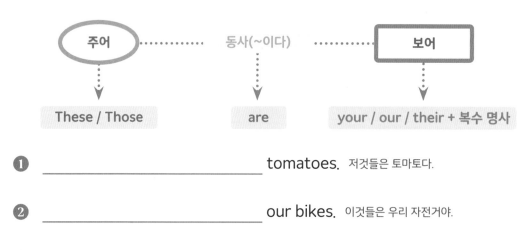

❶ _____ tomatoes. 저것들은 토마토다.

❷ _____ our bikes. 이것들은 우리 자전거야.

❸ _____ their shoes. 이것들은 그들의 신발이다.

❹ _____ your pictures. 저것들은 네 사진이야.

these는 '이'라는 뜻으로 가까이 있는 대상을, those는 '저'라는 뜻으로 멀리 있는 대상을 명사 앞에서 꾸며 주는 지시형용사로 쓰여요. these와 those는 복수 명사와 함께 써요.

이 책들

these books

저 책들

those books

F 주어진 단어를 이용하여 우리말에 맞게 문장을 완성해 보세요. 필요에 따라 형태를 고쳐 쓰세요.

chair   boy   shoe   pizza   flower

❶ (This, That, These, Those) _____ (is / are) broken.

이 의자들은 망가졌다.

❷ (This, That, These, Those) _____ (is / are) tall.

저 소년은 키가 크다.

❸ (This, That, These, Those) _____ (is / are) black.

저 신은 검정색이다.

❹ (This, That, These, Those) _____ (is / are) delicious.

이 피자는 맛있다.

❺ (This, That, These, Those) _____ (is / are) beautiful.

이 꽃들은 아름답다.

Review 2 ▸▸▸ 퀴즈의 답을 빈칸에 채우거나 괄호 안에서 고르세요.

Unit 05 누구의 것인지 소유를 나타내는 말

Rule 1-1 소유를 나타낼 때

사람이나 동물을 나타내는 명사 (앞에 / 뒤에) 어퍼스트로피(_____)

+ _____를 써요.

Rule 2-1 인칭대명사 I, you의 소유격

I의 소유격은 _____, you는 _____예요.

그 뒤에는 _____를 써요.

Rule 2-1 3인칭 단수 인칭대명사 he, she, it의 소유격

he의 소유격은 _____, she는 _____, it은 _____예요.

Rule 3 복수 인칭대명사 we, they의 소유격

we의 소유격은 _____, they는 _____예요.

Unit 06 목적어로 쓰이는 인칭대명사

Rule 1-1 인칭대명사의 목적격

인칭대명사 목적격은 (~이/가, ~의, ~을/를)의 의미로 쓰여요.

Rule 1-1 인칭대명사 I, you의 목적격

I의 목적격은 _____, you는 _____예요.

Rule 1-1 3인칭 단수 인칭대명사 he, she, it의 목적격

he의 목적격은 _____, she는 _____, it은 _____예요.

Rule 2-1 복수 인칭대명사 we, they의 목적격

we의 목적격은 _____, they는 _____이에요.

Unit 07 수와 양을 나타내는 수량형용사

Rule 1-1,2	many와 much의 뜻과 차이점	many, much는 둘 다 (많은 / 적은)의 의미로, many는 (수 / 양)을/를, much는 (수 / 양)을/를 나타내요.
Rule 2-1,2	a few와 a little의 뜻과 차이점	a few, a little은 둘 다 (많은 / 약간)의 의미로, a few는 (수 / 양)을/를, a little은 (수 / 양)을/를 나타내요.
Rule 3-1	a lot의 뜻과 특징	a lot은 (많은 / 적은)의 의미로, _____ 나 _____ 를 대신해서 쓸 수 있어요. 그 뒤에 (복수 / 단수 / 단수와 복수) 명사와 같이 써요.
Rule 3-2	some의 뜻과 특징	some은 (많은 / 약간)의 의미로, _____ 나 _____ 을 대신해서 쓸 수 있어요. 그 뒤에 (복수 / 단수 / 단수와 복수) 명사와 같이 써요.

Unit 08 가까이 또는 멀리 있는 것을 가리키는 말

Rule 1-1	this와 that의 뜻	this는 '(이것 / 저것)'의 뜻으로 (가까이 / 멀리) 있는 대상을 가리키고, that은 '(이것 / 저것)'의 뜻으로 (가까이 / 멀리) 있는 대상을 가리켜요.
Rule 2-1	지시형용사로서 this와 that의 역할	this는 '(이 / 저)', that은 '(이 / 저)'란 뜻이에요. 그 뒤에 나오는 (단수 / 복수) 명사를 꾸미며, (단수 / 복수) 취급을 해요.
Rule 3-1	these와 those의 뜻	these는 '(이것들 / 저것들)'의 뜻으로 (가까이 / 멀리) 있는 대상을 가리키고, those는 '(이것들 / 저것들)'의 뜻으로 (가까이 / 멀리) 있는 대상을 가리켜요.
Rule 3-3	지시형용사로서 these와 those의 역할	these는 '(이 / 저)', those는 '(이 / 저)'란 뜻이에요. 그 뒤에 나오는 (단수 / 복수) 명사를 꾸미며, (단수 / 복수) 취급을 해요.

Part
02

동작과 상태를 나타내는 동사

Rule 1 동사 + s

Rule 2 동사 + es

Rule 3 does, goes, has

I bake a cake.

You bake a cake.

He bakes a cake.

Rule 1-1

동사 + s

동사란 '~하다'로 **움직임이나 행위, 상태를 나타내는 말**이에요.

앞에서 배운 **be동사를 제외한 동사**를 일반동사라고 해요.

일반동사는 **주어가 3인칭 단수(He, She, It)일 때** 대부분 동사원형 뒤에 -s를 붙여요.

주어에 따라 동사가 어떻게 달라지는지 비교해 보세요.

주어	동사			
I, you, we, they	eat	make	play	sing
he, she, it	eats	makes	plays	sings

A 다음 동사원형 뒤에 -s를 붙여 3인칭 단수 주어 뒤에 써 보세요.

❶ I stay (머물다)   → He _____   ❷ I see (보다)   → He _____

❸ I work (일하다)   → He _____   ❹ We listen (듣다)   → She _____

❺ We talk (말하다)   → She _____   ❻ You read (읽다)   → She _____

❼ You swim (수영하다) → It _____   ❽ They give (주다)   → It _____

❾ They fight (싸우다) → It _____   ❿ They enjoy (즐기다) → It _____

Rule 1-2 일반동사는 **단수 명사 주어**일 때 대부분 동사원형 뒤에 -s를 붙여요.

B 괄호 안의 동사에 -s를 써서 문장을 완성하세요.

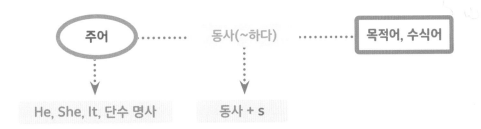

주어 ·········· 동사(~하다) ·········· 목적어, 수식어

He, She, It, 단수 명사   동사 + s

❶ My dog _____ cats. (hate) 내 개는 고양이를 싫어한다.

❷ Mr. Kim _____ Chinese. (speak) 김 씨는 중국어로 말한다.

❸ His sister _____ early. (get up) 그의 누나는 일찍 일어난다.

❹ A farmer _____ crops. (grow) 농부는 작물을 재배한다.

❺ She _____ coffee. (drink) 그녀는 커피를 마신다.

Rule 2-1 동사 + es

주어가 3인칭 단수(He, She, It)일 때 동사가 '-s, -x, -ch, -sh'로 끝나면 동사원형 뒤에 -es를 붙여요.

동사 끝 철자에 동그라미 하며 살펴보세요.

주어	동사			
I, you, we, they	kiss	mix	watch	wash
he, she, it	kisses	mixes	watches	washes

C 다음 동사원형 뒤에 -es를 붙여 3인칭 단수 주어 뒤에 놓아 보세요.

❶ I pass (통과하다) → She _____

❷ They miss (놓치다) → It _____

❸ I fix (고정하다) → He _____

❹ They cross (건너다) → He _____

❺ You wish (바라다) → She _____

❻ We teach (가르치다) → He _____

❼ You catch (잡다) → It _____

❽ We push (밀다) → It _____

Rule 2-2

주어가 3인칭 단수(He, She, It)일 때 '자음 + y'로 끝나는 동사는 y를 i로 고치고 -es를 붙여요.

동사 stay, play, buy처럼 **'모음 + y'로 끝나는 경우는** -s를 붙여요.

주어	동사			
I, you, we, they	cry	fly	carry	study
he, she, it	cries	flies	carries	studies

D 다음 동사원형 뒤에 -es를 붙여 3인칭 단수 주어 뒤에 놓아 보세요.

❶ I study (공부하다) → She _____
❷ I cry (울다) → He _____

❸ I try (노력하다) → He _____
❹ They carry (나르다) → It _____

❺ We fly (날리다) → It _____
❻ We worry (염려하다) → He _____

❼ They bury (묻다) → It _____
❽ We hurry (서두르다) → She _____

E 괄호 안 동사의 y를 i로 고치고 -es를 써서 문장을 완성하세요.

주어 ··········· 동사(~하다) ··········· 목적어, 수식어

He, She, It, 단수 명사   동사 + es, 동사 + ies

❶ Tommy _____ like a baby. (cry)

토미는 아기처럼 운다.

❷ Helen _____ a dog with her. (carry)

헬렌은 개 한 마리를 데리고 다닌다.

❸ My mom _____ too much. (worry)

우리 엄마는 걱정을 너무 많이 한다.

❹ She _____ art in Paris. (study)

그녀는 파리에서 미술을 공부한다.

❺ The dog _____ its bones in the garden. (bury)

그 개는 뼈를 정원에 묻는다.

❻ The boy _____ a kite at the Han River. (fly)

그 소년은 한강에서 연을 날린다.

Rule 3

does, goes, has

go, do는 **주어가 3인칭 단수(He, She, It)일 때** 동사원형 뒤에 -es를 붙여요.
have**는** 규칙과 상관없이 has로 써요.
자주 쓰고 규칙으로 설명되지 않을 때는 외워야 해요.

주어		동사	
I, you, we, they	do	go	have
he, she, it	does	goes	has

F 다음 우리말에 맞게 알맞은 동사를 써 보세요.

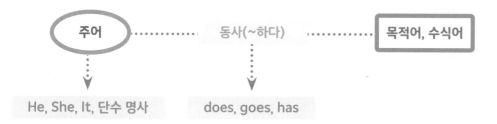

❶ I have a hat. Ann _____ a hat, too.

　나는 모자가 있다. 앤도 모자가 있다.

❷ We do exercises. Tom _____ exercises, too.

　우리는 운동을 한다. 톰도 운동을 한다.

❸ I have an idea. Max _____ a great idea.

　나에겐 아이디어가 있다. 맥스는 훌륭한 아이디어가 있다.

❹ My parents go to work. My brother _____ to school.

　우리 부모님은 일하러 가신다. 우리 형은 학교에 간다.

❺ I go swimming. My friend _____ skating.

　나는 수영하러 간다. 내 친구는 스케이트 타러 간다.

❻ I do my homework. My sister _____ her homework.

　나는 내 숙제를 한다. 우리 누나는 자기 숙제를 한다.

묻거나 부정하기(현재)

Rule 1

Do you run?

Rule 2

I don't run.

Rule 3

He doesn't run.

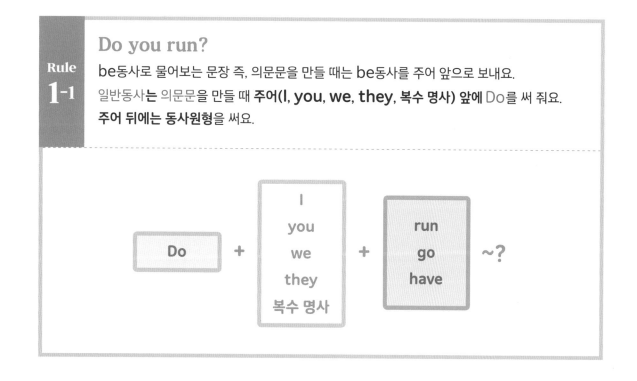

Rule 1-1

Do you run?
be동사로 물어보는 문장 즉, 의문문을 만들 때는 be동사를 주어 앞으로 보내요.

일반동사는 의문문을 만들 때 **주어(I, you, we, they, 복수 명사)** 앞에 Do를 써 줘요.

주어 뒤에는 동사원형을 써요.

Do + I / you / we / they / 복수 명사 + run / go / have ~?

A 다음 문장들을 Do를 써서 의문문으로 바꿔 보세요.

Do .... 주어 .... 동사원형 ~?

❶ You go to school. → _____ to school?

너는 학교에 가니?

❷ We have an idea. → _____ an idea?

우리는 좋은 생각이 있니?

❸ I look good today. → _____ good today?

나 오늘 멋져 보이니?

❹ They study English. → _____ English?

그들은 영어를 공부하니?

❺ Horses eat carrots. → _____ carrots?

말들이 당근을 먹니?

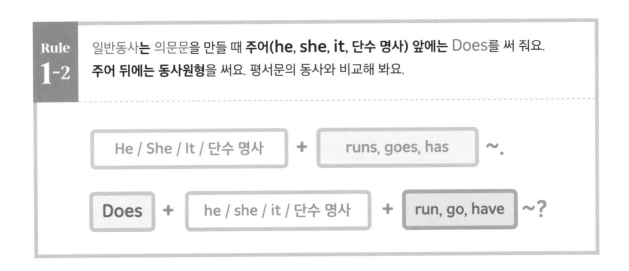

Rule 1-2

일반동사는 의문문을 만들 때 주어(he, she, it, 단수 명사) 앞에는 Does를 써 줘요. 주어 뒤에는 동사원형을 써요. 평서문의 동사와 비교해 봐요.

He / She / It / 단수 명사 + runs, goes, has ~.

Does + he / she / it / 단수 명사 + run, go, have ~?

B 다음 문장들을 Does를 써서 의문문으로 바꿔 보세요.

Does ‥‥‥ (주어) ‥‥‥ 동사원형 ~?

❶ He goes home.

→ _____ home?

그는 집에 가니?

❷ She has a sister.

→ _____ a sister?

그녀는 언니가 한 명 있니?

❸ It tastes sweet.

→ _____ sweet?

그것은 단 맛이 나니?

❹ Amy speaks Korean.

→ _____ Korean?

에이미는 한국어를 말하니?

❺ Our class finishes at 2.

→ _____ at 2?

우리 수업은 2시에 끝나니?

Rule 2-1

I don't run.

be동사로 '~가 아니다'라고 부정하는 문장 즉, 부정문을 만들 때는 be동사 뒤에 not을 써요.
일반동사는 부정문을 만들 때 주어(I, you, we, they, 복수 명사)와 함께 쓰는 동사 앞에 do not을 써 줘요.

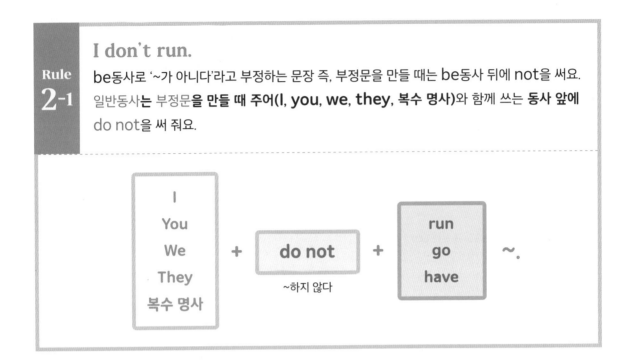

C 다음 주어와 동사 표현을 부정문으로 고쳐 보세요.

❶ I run (달리다)　　　　　→ I _____

❷ We like (좋아하다)　　　→ We _____

❸ They have (가지고 있다) → They _____

❹ You do (하다)　　　　　→ You _____

Rule 2-2

일반동사 부정문을 만들 때 쓰는 'do + not'은 보통 줄여서 don't로 써요.

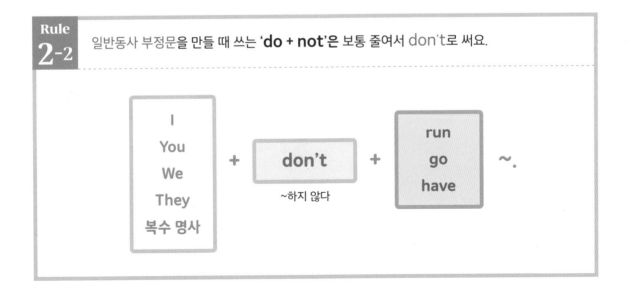

D 다음 빈칸에 각 동사의 부정형을 써 보세요.

① I **have** a cat. But I _____ a dog.

나는 고양이 한 마리가 있다. 하지만 개는 없다.

② You **learn** English. But you _____ Japanese.

너는 영어를 배운다. 하지만 일본어는 배우지 않는다.

③ Mary and I **eat** pizza. But we _____ hamburgers.

메리와 나는 피자를 먹는다. 하지만 우리는 햄버거는 먹지 않는다.

④ My brothers **play** soccer. But they _____ baseball.

우리 오빠들은 축구를 한다. 하지만 그들은 야구는 하지 않는다.

⑤ I **ride** a bike. But I _____ a horse.

나는 자전거를 탄다. 하지만 나는 말은 타지 않는다.

Rule 3-1	**He doesn't run.** 일반동사는 부정문을 만들 때 **주어가 he, she, it** 또는 **단수 명사**일 때 **동사 앞에** does not을 써 줘요. 그 뒤에는 반드시 동사원형을 써요. 평서문과 비교해 봐요.

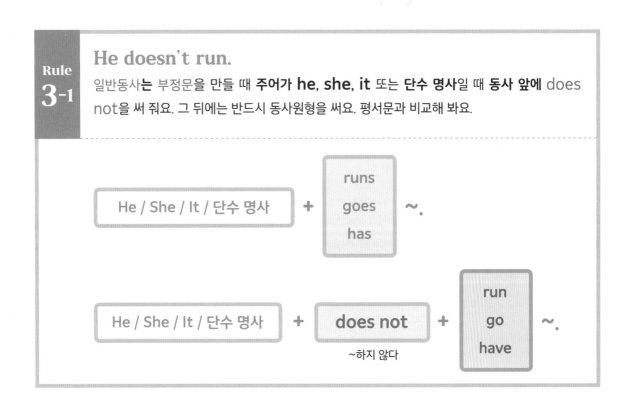

E 다음 동사 표현을 주어에 맞게 부정문으로 고쳐 보세요.

① He runs (달리다)

→ He _____

② She teaches (가르치다)

→ She _____

③ Ben does (하다)

→ Ben _____

④ Amy studies (공부하다)

→ Amy _____

⑤ It catches (잡다)

→ It _____

⑥ He cries (울다)

→ He _____

Rule 3-2	주어가 he, she, it 또는 단수인 경우 일반동사의 부정문을 만들 때 'does + not'은 보통 줄여서 doesn't로 써요.

He / She / It / 단수 명사 + doesn't (~하지 않다) + run go have ~.

F 다음 빈칸에 각 동사의 부정형을 써서 문장을 완성해 보세요.

① Does Tom **like** cats? 톰은 고양이들을 좋아하니?

- No, he _____ cats. He likes dogs.

아니, 그는 고양이들을 좋아하지 않아. 그는 개들을 좋아해.

② Does Mary **learn** Chinese? 메리는 중국어를 배우니?

- No, she _____ Chinese. She learns English.

아니, 그녀는 중국어를 배우지 않아. 그녀는 영어를 배워.

③ Does Cindy **help** her mom? 신디는 그녀의 엄마를 돕니?

- No, she _____ her mom. She helps her friends.

아니, 그녀는 그녀의 엄마를 돕지 않아. 그녀는 그녀의 친구들을 도와.

④ Does your brother **eat** breakfast? 네 남동생은 아침을 먹니?

- No, he _____ breakfast. He eats lunch.

아니, 그는 아침을 먹지 않아. 그는 점심을 먹어.

⑤ Does your sister **have** a shirt? 너의 언니는 셔츠가 있니?

- No, she _____ a shirt. She has a blouse.

아니, 그녀는 셔츠가 없어. 그녀는 블라우스가 있어.

Unit 11
{ 지나간 일을 나타내는 과거형 동사 }

Rule 1	Rule 2	Rule 3
was, were	**called, liked**	**cut, came, went**

I was very cute then.

I liked the scooter.

Now… 모든 게 달라졌어…

Rule 1-1

was, were

이미 일어난 일이나 지나간 일을 나타낼 때는 동사의 과거형을 써요.
be동사 am, **is**의 과거형으로 was를 써요.

주어
I
He
She
It

+

am, is
~이다, ~ 있다   **현재형**

was
~이었다, ~ 있었다   **과거형**

I was an egg.
Now I am a bird.

A 다음 문장의 be동사를 과거형으로 고쳐 문장을 써 보세요.

1 I **am** late. → _____ late.

나는 늦었다.   나는 늦었었다.

2 Jack **is** kind. → _____ kind.

잭은 친절하다.   잭은 친절했다.

3 It **is** fun. → _____ fun.

그것은 재미있다.   그것은 재미있었다.

4 She **is** at home. → _____ at home.

그녀는 집에 있다.   그녀는 집에 있었다.

5 It **is** cold. → _____ cold.

춥다.   추웠다.

6 The dog **is** hungry. → _____ hungry.

그 개는 배가 고프다.   그 개는 배가 고팠다.

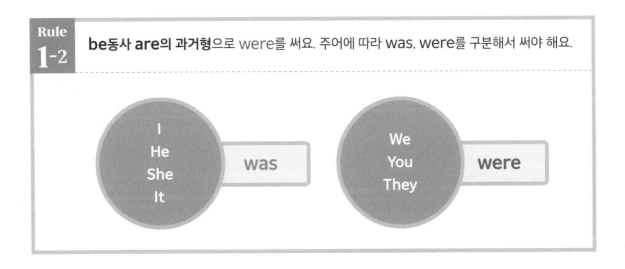

Rule 1-2 be동사 **are**의 과거형으로 were를 써요. 주어에 따라 was, were를 구분해서 써야 해요.

I He She It → **was**

We You They → **were**

B 우리말을 보고 괄호 안에서 알맞은 동사를 고르세요.

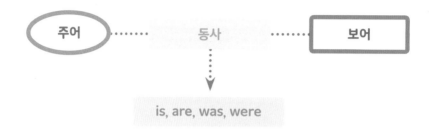

① This apple (is / are / was / were) sweet. 이 사과는 달콤해.

② It (is / are / was / were) cold yesterday. 어제 추웠어.

③ You (is / are / was / were) at home yesterday. 넌 어제 집에 있었잖아.

④ We (is / are / was / were) very tired. 우리는 무척 피곤하다.

⑤ They (is / are / was / were) at work. 그들은 업무 중이었다[회사에 있었다].

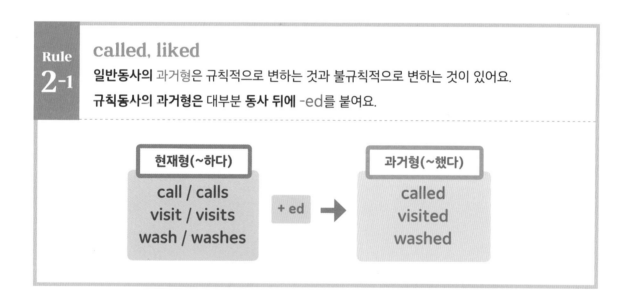

Rule 2-1

called, liked

일반동사의 과거형은 규칙적으로 변하는 것과 불규칙적으로 변하는 것이 있어요.
규칙동사의 과거형은 대부분 **동사 뒤에** -ed를 붙여요.

현재형(~하다)
call / calls
visit / visits
wash / washes

+ ed →

과거형(~했다)
called
visited
washed

C 다음 동사를 과거형으로 써 보세요.

① I play (놀다)   → I _____

② She cooks (요리하다) → She _____

3 We walk (걷다)　　→ We _____

4 It rains (비가 내리다)　→ It _____

5 They work (일하다)　→ They _____

6 He talks (말하다)　→ He _____

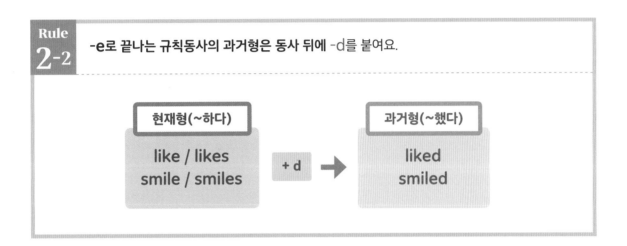

Rule 2-2　-e로 끝나는 규칙동사의 과거형은 동사 뒤에 -d를 붙여요.

현재형(~하다)
like / likes
smile / smiles

+ d →

과거형(~했다)
liked
smiled

D　다음 동사를 과거형으로 써 보세요.

1 I close (닫다)　　　→ I _____

2 She hopes (희망하다)　→ She _____

3 He lives (살다)　　　→ He _____

4 They use (이용하다)　→ They _____

5 We dance (춤추다)　→ We _____

6 It arrives (도착하다)　→ It _____

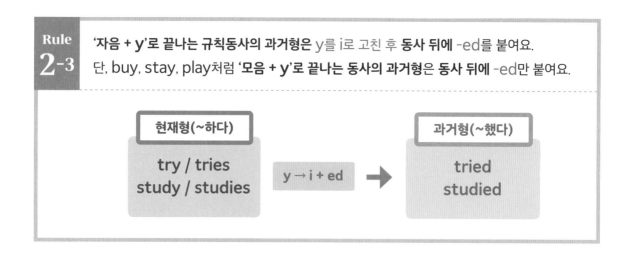

Rule 2-3	'자음 + y'로 끝나는 규칙동사의 과거형은 y를 i로 고친 후 **동사 뒤에** -ed를 붙여요. 단, buy, stay, play처럼 '**모음 + y**'로 끝나는 동사의 과거형은 **동사 뒤에** -ed만 붙여요.

E 다음 동사를 과거형으로 써 보세요.

❶ They cry (울다)   → They _____

❷ She studies (공부하다) → She _____

❸ We carry (옮기다)   → We _____

❹ I try (노력하다)   → I _____

❺ He hurries (서두르다) → He _____

❻ I worry (걱정하다)   → I _____

Rule 3-1	**cut, came, went** 동사 뒤에 -ed를 붙이지 않고 **불규칙적으로 변하는 일반동사의 과거형**은 암기해야 해요. 가장 쉬운 형태는 **동사의 기본형과 과거형의 모양이 같은 경우**예요. 읽고 쓰면서 외워 봐요.

기본형	과거형	기본형	과거형	기본형	과거형
cut	cut	shut	shut	put	put
hit	hit	let	let	hurt	hurt

F 다음 동사를 과거형으로 써 보세요.

❶ Ben hurts (다치다) → Ben _____

❷ Mary cuts (자르다) → Mary _____

❸ We put (놓다) → We _____

❹ It hits (치다) → It _____

❺ He lets (~하게 하다) → He _____

❻ I shut (닫다) → He _____

Rule 3-2

모음이나 자음이 바뀌는 과거형은 바뀌는 부분에 특히 주의해야 해요.

기본형	과거형	기본형	과거형	기본형	과거형
come	came	know	knew	build	built
give	gave	write	wrote	make	made
sing	sang	run	ran	lose	lost
meet	met	get	got	hear	heard

G 다음 동사를 과거형으로 써 보세요.

❶ He comes (오다) → He _____

❷ She knows (알다) → She _____

❸ We build (짓다) → We _____

❹ It sings (노래하다) → It _____

❺ They make (만들다) → They _____

❻ He writes (쓰다) → He _____

⑦ We meet (만나다)   → We _____

⑧ It runs (달리다)   → It _____

⑨ Ben loses (잃어버리다) → Ben _____

⑩ Mary gives (주다)   → She _____

Rule 3-3 자음과 모음 모두 바뀌는 과거형은 가장 주의해야 해요. 읽고 쓰면서 외워 봐요.

기본형	과거형	기본형	과거형	기본형	과거형
go	went	eat	ate	buy	bought
do	did	tell	told	take	took
have	had	leave	left	see	saw

H 다음 동사를 과거형으로 써 보세요.

① He goes (가다)   → He _____

② She tells (이야기하다) → She _____

③ We do (하다)   → We _____

④ It eats (먹다)   → It _____

⑤ Sam sees (보다)   → Sam _____

⑥ Mom buys (사다)   → Mom _____

⑦ I take (가지고 가다)   → I _____

⑧ Dad has (가지고 있다) → Dad _____

Unit 12

묻거나 부정하기(과거)

Rule 1
Was I ~?
I wasn't ~.

Rule 2
Did you run?

Rule 3
I didn't run.

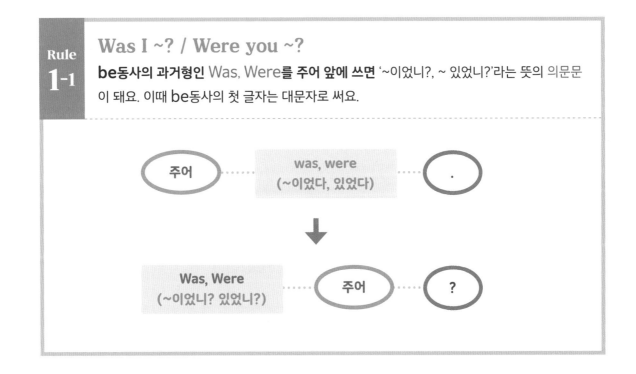

Rule 1-1 Was I ~? / Were you ~?

be동사의 과거형인 Was, Were**를 주어 앞에 쓰면** '~이었니?, ~ 있었니?'라는 뜻의 의문문이 돼요. 이때 be동사의 첫 글자는 대문자로 써요.

A 다음 '주어 + be동사'가 들어간 문장들을 의문문으로 바꿔 보세요.

1 I was sick. → _____ sick?
나는 아팠니?

2 You were great. → _____ great?
너는 훌륭했니?

3 He was late. → _____ late?
그는 늦었니?

4 They were at home. → _____ at home?
그들은 집에 있었니?

5 She was tired. → _____ tired?
그녀는 지쳤니?

6 It was your idea. → _____ your idea?
그것은 너의 생각이었니?

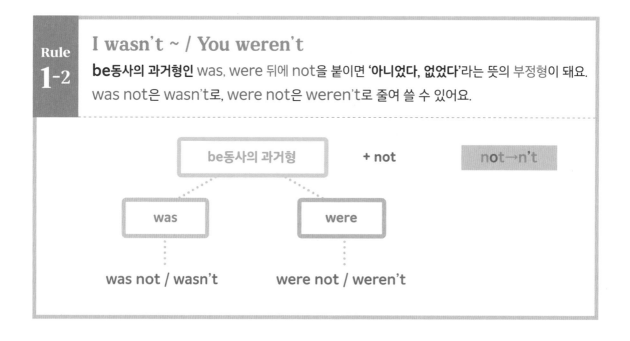

Rule 1-2

I wasn't ~ / You weren't

be동사의 과거형인 was, were 뒤에 not을 붙이면 **'아니었다, 없었다'**라는 뜻의 부정형이 돼요.
was not은 wasn't로, were not은 weren't로 줄여 쓸 수 있어요.

B 보기처럼 주어에 맞는 'be동사의 과거형 + not'을 빈칸에 써 보세요. 축약형도 같이 써 보세요.

<보기> He was not / wasn't

❶ I _____ / _____

❷ It _____ / _____

❸ You _____ / _____

❹ We _____ / _____

❺ She _____ / _____

❻ They _____ / _____

❼ Some students _____ / _____

❽ A bird _____ / _____

Rule 2	**Did you run?**
	일반동사의 과거형 의문문을 만들 때는 주어에 상관없이 **주어 앞에** Did를 써 줘요. 주어 뒤에는 동사원형을 써야 해요.

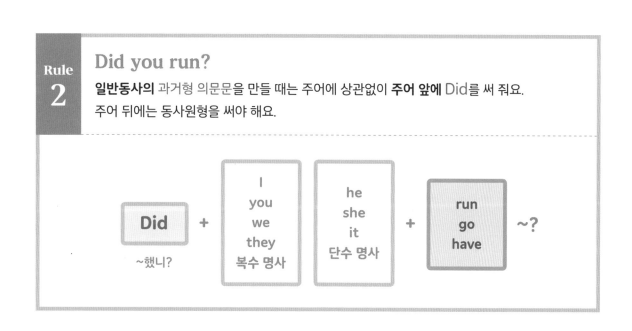

C 다음 주어와 동사 표현을 보기처럼 의문문으로 고쳐 보세요.

<보기> I ran → Did I run?

❶ I saw (보았다) → _____ ?

❷ We had (가지고 있었다) → _____ ?

❸ He studied (공부했다) → _____ ?

❹ They liked (좋아했다) → _____ ?

❺ You went (갔다) → _____ ?

❻ It did (했다) → _____ ?

❼ She told (말했다) → _____ ?

❽ They bought (샀다) → _____ ?

❾ You cried (울었다) → _____ ?

❿ We lost (잃어버렸다) → _____ ?

D Did를 이용하여 다음 문장을 의문문으로 바꿔 문장을 완성해 보세요.

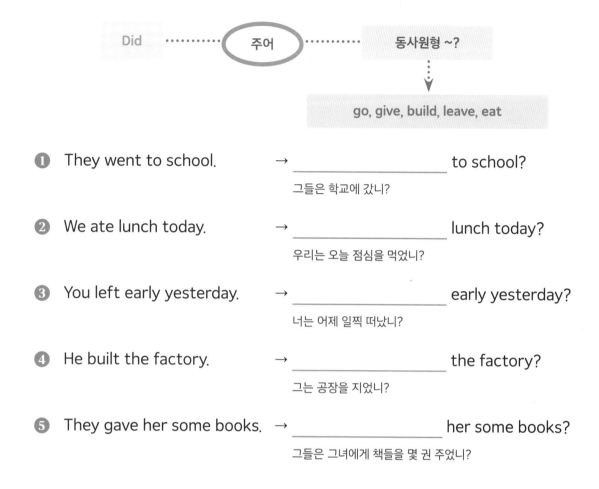

Did ·········· 주어 ·········· 동사원형 ~?

go, give, build, leave, eat

❶ They went to school. → _____ to school?

그들은 학교에 갔니?

❷ We ate lunch today. → _____ lunch today?

우리는 오늘 점심을 먹었니?

❸ You left early yesterday. → _____ early yesterday?

너는 어제 일찍 떠났니?

❹ He built the factory. → _____ the factory?

그는 공장을 지었니?

❺ They gave her some books. → _____ her some books?

그들은 그녀에게 책들을 몇 권 주었니?

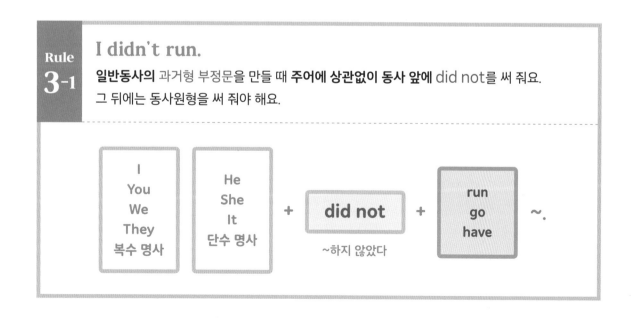

Rule 3-1

I didn't run.

일반동사의 과거형 부정문을 만들 때 **주어에 상관없이 동사 앞에** did not를 써 줘요.
그 뒤에는 동사원형을 써 줘야 해요.

I
You
We
They
복수 명사

He
She
It
단수 명사

+ **did not** + run
go
have

~.

~하지 않았다

E 다음 주어와 동사 표현을 부정문으로 고쳐 문장을 완성해 보세요.

주어 ········ did not ········ 동사원형 ~.

❶ She met him. → She _____ him.

그녀는 그를 만나지 않았다.

❷ We helped you. → We _____ them.

우리는 그들을 돕지 않았다.

❸ I heard the sound. → I _____ the sound.

나는 그 소리를 듣지 않았다.

❹ They sang together. → They _____ together.

그들은 함께 노래를 부르지 않았다.

❺ You tried your best. → You _____ your best.

너는 최선을 다하지 않았다.

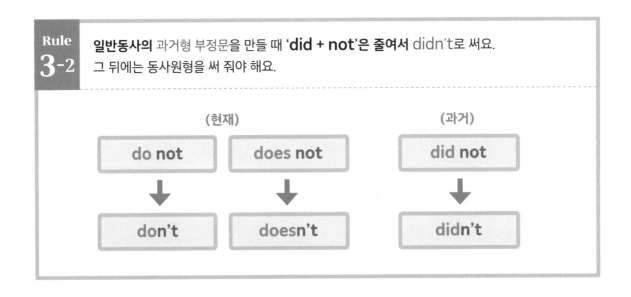

Rule 3-2 일반동사의 과거형 부정문을 만들 때 'did + not'은 줄여서 didn't로 써요.
그 뒤에는 동사원형을 써 줘야 해요.

(현재)   (과거)

| do not | does not | did not |

⬇ ⬇ ⬇

| don't | doesn't | didn't |

F 다음 빈칸에 각 동사의 부정형을 써 보세요

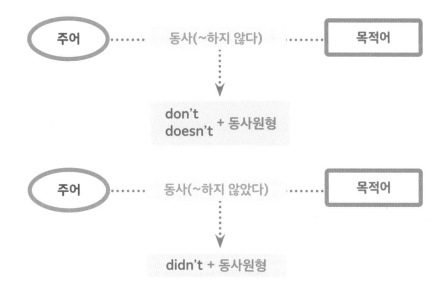

① I **had** breakfast. But I _____ lunch. (have – had)

나는 아침을 먹었다. 하지만 나는 점심을 먹지 않았다.

② We **play** soccer. But we _____ baseball.

우리는 축구를 한다. 하지만 우리는 야구를 하지 않는다.

③ Mary and I **watched** dramas. But we _____ the news.

메리와 나는 드라마들을 봤다. 하지만 우리는 뉴스를 보지 않았다.

④ My brother **studies** English. But he _____ Chinese.

우리 형은 영어를 공부한다. 하지만 그는 중국어를 공부하지 않는다.

⑤ He **rides** his bike. But he _____ a horse.

그는 그의 자전거를 탄다. 하지만 그는 말을 타지 않는다.

⑥ My sister slept well last night. But I _____ well.
(sleep – slept)

내 여동생은 어젯밤에 잠을 잘 잤다. 하지만 나는 잘 못 잤다.

Review 3 ▸▸▸ 퀴즈의 답을 빈칸에 채우거나 괄호 안에서 고르세요.

Unit 09 동작과 상태를 나타내는 동사

Rule 1-1	동사 뒤에 -s를 붙이는 경우	주어가 _____인칭 (단수 명사 / 복수 명사) 혹은 He, _____, it일 때 대부분 동사원형 뒤에 -s를 붙여요.
Rule 2-1	동사 뒤에 -es를 붙이는 경우	kiss, mix, watch, wash처럼 주어가 _____인칭 (단수 명사 / 복수 명사)이고 -s, -x, -_____, -_____로 끝나는 경우 동사원형 뒤에 -es를 붙여요.
Rule 2-2	자음 + y로 끝나는 동사의 3인칭 단수형	자음 + y로 끝나는 경우 y를 _____로 고치고 (-s / -es)를 붙여요. 모음 + y로 끝나는 경우는 (-s / -es)를 붙여요.
Rule 3	동사 do, go, have의 3인칭 단수형	3인칭 단수형으로 do는 _____, go는 _____, have는 _____를 써요.

Unit 10 묻거나 부정하기(현재)

Rule 1-1	일반동사의 의문문 순서	주어 I, you, we, they 앞에 (Do / Does)를 써 줘요. 의문문에서 주어 뒤에는 반드시 _____을 써야 해요.
Rule 1-2	3인칭 단수 주어 일반동사의 의문문 순서	주어 he, she, it 앞에 (Do / Does)를 써 줘요. 주어 뒤에는 반드시 _____을 써야 해요.
Rule 2-1	일반동사의 부정문 순서	주어 I, you, we, they와 함께 쓸 때는 동사 앞에 (do not / does not)을 써 줘요. 보통 이를 줄여서 _____로 써요. 그 뒤에는 반드시 동사원형을 써야 해요.
Rule 3-1	3인칭 단수 주어 일반동사의 부정문 순서	주어가 he, she, it 또는 (단수 명사 / 복수 명사)일 때 동사 앞에 (do not / does not)을 써 줘요. 보통 이를 줄여서 _____로 써요.

Unit 11 지나간 일을 나타내는 과거형 동사

Rule 1-1 **be동사의 과거형**

be동사 am, is의 과거형은 (was / were), are의 과거형은 _____를 써요.

Rule 2-1 **규칙동사의 과거형**

규칙동사의 과거형은 대부분 동사 (앞 / 뒤)에 (-ed / -d)를 붙여요. -e로 끝나는 규칙동사의 과거형은 (-ed / -d)를 붙여요.

Rule 2-3 **자음 + y로 끝나는 동사의 과거형**

자음 + y로 끝나는 경우, y를 _____로 고치고 (-ed / -d)를 붙여요. 모음 + y로 끝나는 경우는 (-ed / -d)를 붙여요.

Rule 3-3 **동사 do, go, have의 과거형**

불규칙 변화를 하는 동사인 do는 _____, go는 _____, have는 _____를 과거형으로 써요.

Unit 12 묻거나 부정하기(과거)

Rule 1-1 **be동사 과거형 의문문**

주어 (앞 / 뒤)에 be동사 _____, _____를 써요.

Rule 1-2 **be동사 과거형 부정문**

be동사 과거형 뒤에 _____을 붙여 줘요. 줄여서 _____, _____로 쓸 수 있어요.

Rule 2 **일반동사 과거형 의문문 순서**

주어와 상관없이 주어 (앞 / 뒤)에 _____를 써요. 주어 뒤에는 반드시 _____을 써야 해요.

Rule 3-2 **일반동사 과거형 부정문 순서**

주어와 상관없이 (주어 / 동사) 앞에 (do not / did not)을 써요. 그 뒤에는 반드시 _____을 써야 해요. 줄여서 _____로 쓸 수 있어요.

Unit 13

{ 동사를 도와주는 조동사 }

Rule 1 can, can't

Rule 2 will, won't

Rule 3 should, shouldn't

Can you help me?

Can이야 Can't야?

No, I won't! 안 할 건데?

Rule 1-1

can, can't

여러 가지 뜻을 나타내도록 **동사를 도와주는 역할**을 하는 것을 조동사라고 해요. 조동사는 **항상 동사 앞에 쓰고 그 뒤에 동사원형**을 써요. 조동사 **can**은 '**~할 수 있다**'의 의미로 능력과 **가능성**을 나타내요. 부정형은 **can** 뒤에 **not**을 써서 **cannot** 또는 can't로 나타내요.

can	+	read jump fly
~ 할 수 있다		

cannot can't	+	read jump fly
~ 할 수 없다		

A 조동사 can 또는 can't를 이용하여 보기처럼 문장을 다시 써 보세요.

> <보기>   They swim. → They **can swim**. 그들은 수영을 할 수 있다.
> They don't swim. → They **can't swim**. 그들은 수영을 할 수 없다.

❶ You ride a bike.   → You _____ a bike.

❷ He drives a car.   → He _____ a car.

❸ She flies a kite.   → She _____ a kite.

❹ I don't see the stars.   → I _____ the stars.

❺ He doesn't play the piano.   → He _____ the piano.

Rule 1-2	의문문을 만들 때 **주어 앞에 조동사** Can을 써 줘요. **주어 뒤에는 동사원형**을 써요.

Can ······ (**주어**) ······ **동사원형 ~?**
~ 할 수 있니?

B 주어진 문장을 조동사 can을 이용하여 '가능'을 묻는 문장으로 바꿔 보세요.

❶ He **stays** home.   → _____ home?
그는 집에 머물 수 있어?

❷ You **hear** that.   → _____ that?
너는 그것을 들을 수 있어?

❸ They **help** you.   → _____ you?
그들이 널 도와줄 수 있어?

❹ She **writes** Korean.   → _____ Korean?
그녀는 한국어를 쓸 수 있어?

❺ He **carries** the box.   → _____ the box?
그는 상자를 나를 수 있어?

Rule 2-1

will, won't

조동사 will은 '~하겠다'라는 **말하는 사람의 의지** 또는 '~할 것이다'라는 **미래**를 나타내요.
부정형은 **will 뒤에 not**을 써서 will not **또는** won't로 나타내요.

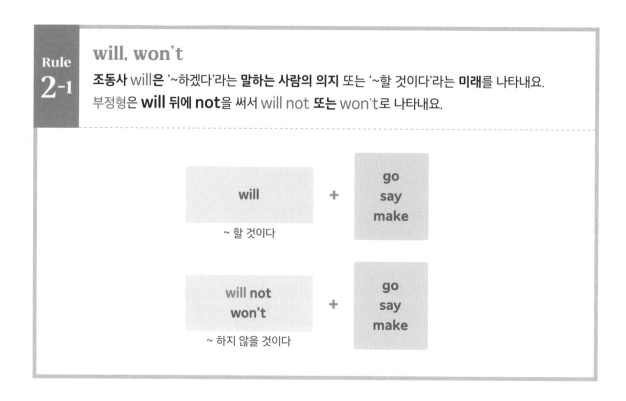

C 다음 우리말을 보기의 동사와 함께 조동사 will 또는 won't를 이용하여 영어로 표현해 보세요.

<보기> send   stay   do   wait   be   see   eat   come

① 머물 것이다   → _____   ② 기다릴 것이다   → _____

③ 될 것이다   → _____   ④ 보낼 것이다   → _____

⑤ 보지 않을 것이다 → _____   ⑥ 오지 않을 것이다 → _____

⑦ 먹지 않을 것이다 → _____   ⑧ 하지 않을 것이다 → _____

Rule 2-2

의문문을 만들 때 **주어 앞에 조동사 Will**을 써 줘요. **주어 뒤에는 동사원형**을 써요.

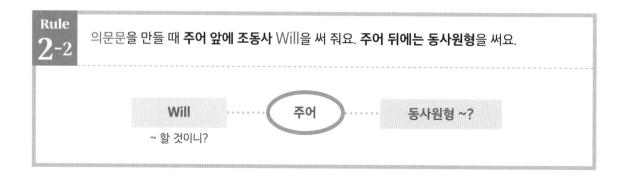

D 주어진 문장을 조동사 will을 이용하여 의문문으로 바꿔 문장을 완성하세요.

① It rains. → _____ tomorrow?

내일 비가 올까요?

② You are at home. → _____ at home next weekend?

다음 주말에 집에 있을 거니?

③ They go skiing. → _____ skiing at Christmas?

그들은 크리스마스에 스키 타러 갈 거니?

④ The sun rises. → _____ tomorrow?

내일도 태양이 뜰까요?

⑤ Ben comes back. → _____ back tomorrow?

벤이 내일 돌아올까?

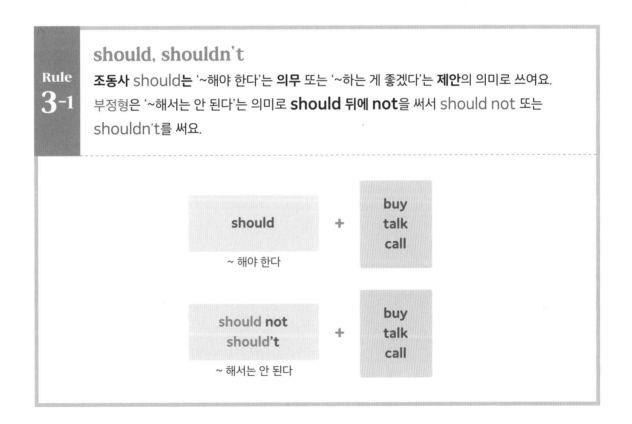

Rule 3-1

should, shouldn't

조동사 should**는** '~해야 한다'는 **의무** 또는 '~하는 게 좋겠다'는 **제안**의 의미로 쓰여요.
부정형은 '~해서는 안 된다'는 의미로 **should 뒤에 not**을 써서 should not 또는
shouldn't를 써요.

E 다음 우리말을 보기의 동사와 함께 조동사 should 또는 shouldn't를 이용하여 영어로 표현해 보세요.

<보기> go eat sleep tell try cut help shout

① 노력해야 한다 → _____ ② 먹어야 한다 → _____

③ 도와야 한다 → _____ ④ 말해야 한다 → _____

⑤ 소리치면 안 된다 → _____ ⑥ 가면 안 된다 → _____

⑦ 자르면 안 된다 → _____ ⑧ 자면 안 된다 → _____

Rule 3-2

의문문을 만들 때 **주어 앞에 조동사** Should를 써 줘요. **주어 뒤에는 동사원형**을 써요.

Should	주어	동사원형 ~?
~ 할까요?		

F 주어진 표현과 조동사 should를 이용하여 '조언'을 구하거나 '제안'하는 문장으로 바꿔 보세요.

① _____ now? (we leave) 지금 떠나야 할까요?

② _____ here? (I sign) 여기에 서명해요?

③ _____ tonight? (we eat out) 우리 오늘밤에 외식할까요?

④ _____ him now? (I call) 지금 그에게 전화할까요?

⑤ _____ a break? (we take) 좀 쉴까요?

Unit 14

{ 지금 일어나고 있는 것을 말하는 현재진행 }

Rule 1

am / are / is -ing

What are you doing?

I'm doing my homework.

What are you doing?

I'm watching TV.

Rule 2

You aren't -ing ~.
Are you -ing ~?

Rule 3

eating, writing, running

What are you doing?

I'm talking to friends.

내가 지금 뭘 하고 있는지 안 보이나?

Rule 1-1

am / are / is -ing

be동사 현재형 뒤에 동사에 -ing를 붙인 형태가 올 수 있어요. 이를 현재진행형이라고 해요. 현재 시제는 현재의 사실과 습관을 나타내지만 **현재진행형은 어떤 동작이 현재 진행되고 있음**을 나타내요. 현재진행형은 '~하고 있다(~하는 중이다)'라는 뜻이에요.

현재		현재진행
I walk after lunch.	vs.	I am walking now.
나는 (보통) 점심 먹고 걷는다.		난 지금 걷고 있다.
She waits for me.	vs.	She is waiting for you.
그녀는 (보통) 나를 기다려 준다.		그녀는 (지금) 너를 기다리고 있다.

A 다음 현재진행형 표현을 보기처럼 우리말로 적어 보세요.

<보기> **am / are / is singing** : 노래하고 있다 / 노래하는 중이다

❶ am / are / is working: _____ / _____

❷ am / are / is helping: _____ / _____

❸ am / are / is learning: _____ / _____

❹ am / are / is cooking: _____ / _____

Rule 1-2	현재진행형의 형태는 be동사(am, are, is) 뒤에 동사원형에 -ing를 붙인 형태로 써요. 주어에 따라 am, are, is를 구분해서 써야 해요.

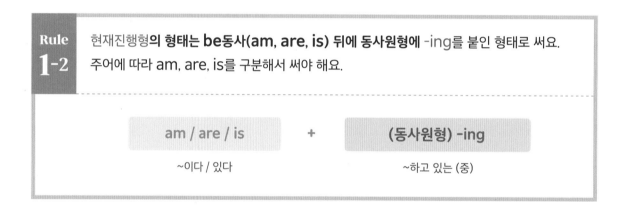

am / are / is	+	(동사원형) -ing
~이다 / 있다		~하고 있는 (중)

B 우리말 의미에 맞게 동사 형태를 골라 동그라미 하세요.

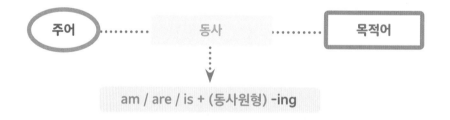

주어 ········ 동사 ········ 목적어

am / are / is + (동사원형) -ing

❶ I (is / are / am) (watch / watching) TV. 나는 TV를 보고 있어.

❷ Dan (am / is / are) (eat / eating) dinner. 댄은 저녁을 먹고 있어.

❸ My friend (is / are / am) (read / reading) books. 내 친구는 독서 중이야.

❹ They (is / am / are) (play / playing) baseball. 그들은 야구를 하고 있어.

Rule 2-1

You aren't -ing ~. / Are you -ing ~?

'~하고 있지 않다'라는 의미의 **현재진행형의** 부정형은 **be동사 뒤에** not을 붙여 주면 돼요.
이때 isn't, aren't처럼 축약형을 쓸 수 있어요.

am / are / is + not	+	(동사원형) -ing

I'm not We / You / They aren't He / She / It isn't	+	(동사원형) -ing
~ 아니다		~하고 있는 (중)

C 보기처럼 현재진행형의 부정형을 이용하여 문장을 다시 써 보세요.

<보기> **They don't sing.** → **They aren't singing now.**
그들은 노래를 부르지 않는다.   그들은 지금 노래를 부르고 있지 않다.

❶ He doesn't study. → He _____ now.
그는 공부를 하지 않는다.   그는 지금 공부를 하고 있지 않다.

❷ It doesn't rain. → It _____ today.
비가 내리지 않는다.   오늘은 비가 오지 않고 있다.

❸ We don't cook. → We _____ now.
우리는 요리를 하지 않는다   우리는 지금 요리를 하고 있지 않다.

❹ You don't watch TV. → You _____ TV.
너희들은 TV를 보지 않는다.   너희들은 (지금) TV를 보고 있지 않다.

❺ She doesn't draw pictures. → She _____ pictures.
그녀는 그림을 그리지 않는다.   그녀는 (지금) 그림을 그리고 있지 않다.

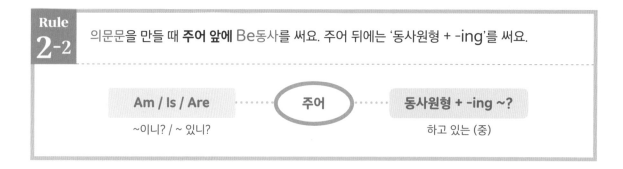

Rule 2-2 의문문을 만들 때 **주어 앞에** Be동사를 써요. 주어 뒤에는 '동사원형 + -ing'를 써요.

Am / Is / Are	주어	동사원형 + -ing ~?
~이니? / ~ 있니?		하고 있는 (중)

D 우리말 문장을 보고 다음 주어진 단어를 이용하여 현재진행형의 의문문으로 바꿔 보세요.

❶ (you / feel / OK) → _____ ?

　기분은 괜찮니?

❷ (it / rain) → _____ ?

　비가 오니?

❸ (Jane / work) → _____ ?

　제인은 일하고 있니?

❹ (they / play / soccer) → _____ ?

　그들은 축구를 하고 있니?

❺ (he / enjoy / the movie) → _____ ?

　그는 영화를 재미있게 보고 있니?

❻ (he / do / his homework) → _____ ?

　그는 숙제를 하고 있니?

Rule 3-1

eating, writing, running

현재진행형을 만들 때 대부분은 **동사원형 뒤에** -ing를 붙여요.

eat read	→	eating reading
	+ ing	

E 다음 동사를 현재진행형으로 써 보세요.

① I wash (씻다) → I _____

② She listens (듣다) → She _____

③ They sleep (자다) → They _____

④ It cries (울다) → It _____

⑤ We teach (가르치다) → We _____

⑥ He wears (입다) → He _____

Rule 3-2 **-e로 끝나는 동사는** e를 빼고 동사원형 뒤에 -ing를 붙여요.

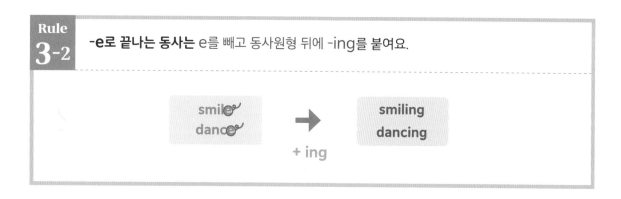

smile
dance
→ + ing
smiling
dancing

F 다음 동사를 현재진행형으로 써 보세요.

① I close (닫다) → I _____

② She writes (쓰다) → She _____

③ He lives (살다) → He _____

④ They use (이용하다) → They _____

⑤ He rides (타다) → He _____

⑥ She drives (운전하다) → She _____

Rule 3-3	'단모음(모음 하나) + 단자음(자음 하나)'으로 끝나는 동사는 자음을 한 번 더 쓰고 -ing를 붙여요.

run
sit

→

running
sitting

자음 반복 + ing

G 다음 동사를 현재진행형으로 써 보세요.

❶ I run (뛰다) → I _____

❷ She shops (쇼핑하다) → She _____

❸ I plan (계획하다) → I _____

❹ We swim (수영하다) → We _____

❺ They put (놓다) → They _____

❻ He cuts (자르다) → He _____

❼ She hits (치다) → She _____

❽ The bus stops (멈추다) → The bus _____

U n i t   1 5
명령하고 청유하기

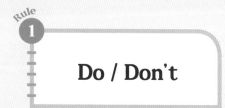

Rule 1
Do / Don't

Rule 2
Let's / Let's not

Rule 3
Let me

Rule 1-1 Do / Don't

상대방에게 '~해라'라고 말하는 것을 명령문이라고 해요.
이때 주어를 생략하고 동사원형으로 시작해요. 다음 두 문장을 비교해 보세요.

You are kind.	→	Be kind.
너는 친절하다.		친절해라.
You open the window.	→	Open the window.
너는 창문을 연다.		창문을 열어라.

1) 주어 생략
2) 동사는 동사원형으로

A 보기에서 알맞은 동사를 골라 우리말에 맞게 명령문을 완성해 보세요.

<보기>　take　give　help　be　hurry

① The baby is sleeping. ＿＿＿＿＿＿ quiet!　아기가 자고 있어. 조용히 해!

② It's raining. ＿＿＿＿＿＿ your umbrella.　비가 오고 있어. 우산 가지고 가.

③ The box is too heavy. ＿＿＿＿＿＿ me!　상자가 너무 무거워. 나 좀 도와줘!

④ We are getting late. ＿＿＿＿＿＿ up!　우린 늦었어. 서둘러!

⑤ I am hungry. ＿＿＿＿＿＿ me some bread.　배고파. 나 빵 좀 줘.

Rule 1-2	상대방에게 '~하지 마'라고 할 때 Don't로 **시작**해요. 그 뒤에 동사원형을 써요.

Run! 달려!　→　**Don't run!** 달리지 마!

B 보기에서 알맞은 동사와 표현을 골라 Don't를 붙여 상황에 맞는 문장을 완성해 보세요.

<보기>　talk　so　loud　drink　it

①

It's noisy.

＿＿＿＿＿＿＿＿＿＿＿＿＿＿＿.
그렇게 시끄럽게 얘기하지 마.

2

_____ .

그거 마시지 마.

<table>
<tr><td>Rule
2-1</td><td>**Let's / Let's not**
상대방에게 '(우리 같이) ~하자'고 제안할 때 Let's**로 시작하는** 명령문을 이용해요. Let's는
Let us를 줄인 말로 그 뒤에 동사원형을 써요.</td></tr>
</table>

Let's	+	be, go, stay
~하자		

C 우리말에 맞게 Let's로 시작하는 문장을 완성해 보세요.

<보기> buy eat go take stay

1 Are you ready? _____ !

준비됐어? 가자!

2 It's very cold. _____ home.

무척 춥네. 집에 있자.

3 I'm feeling tired. _____ the bus.

피곤해. 버스를 타자.

4 This looks great. _____ it.

이거 멋진데. 이것으로 사자.

5 I am hungry. _____ lunch.

배고파. 점심 먹자.

Rule 2-2	상대방에게 '(우리 같이) ~하지 말자'라고 제안할 때 Let's not으로 시작하는 명령문을 사용해요.

Let's not	+	be, go, stay

~하지 말자

D 보기에서 알맞은 동사를 골라 우리말에 맞게 Let's not으로 시작하는 문장을 완성해 보세요.

<보기> eat   buy   go   wait   fight

❶ We're all friends. _____.

우리 모두 친구잖아. 싸우지 말자.

❷ It's raining. _____ out.

비가 오네. 외출하지 말자.

❸ I'm still full. _____ dinner.

아직 배불러. 저녁은 먹지 말자.

❹ This is expensive. _____ it.

이건 비싸. 사지 말자.

❺ Tom and Jane are late again. _____ for them.

톰이랑 제인이 또 지각이야. 그 애들 기다려 주지 말자.

Let me

상대방에게 '(내가)~하게 해 줘'라고 말할 때 Let me로 시작하는 명령문을 이용해요.
Let me 뒤에는 동사원형을 써요.

Let	+	me	+	be, go, stay
~하게 하다		내가 / 나를		

E 주어진 동사를 이용하여 Let me로 시작하는 문장을 완성해 보세요.

❶ _____ . (think)

(내가 생각하게 해 줘.) 생각 좀 해 보고.

❷ _____ . (know)

(내가 알게 해 줘.) 알려줘.

❸ _____ a question. (ask)

(내가 질문하게 해 줘.) 뭐 좀 물어볼게.

❹ _____ it for you. (do)

(내가 널 위해 그걸 하게 해 줘.) 내가 해 줄게.

❺ _____ it. (have)

(내가 그것을 갖게 해 줘.) 내가 그걸 가질게[먹을게].

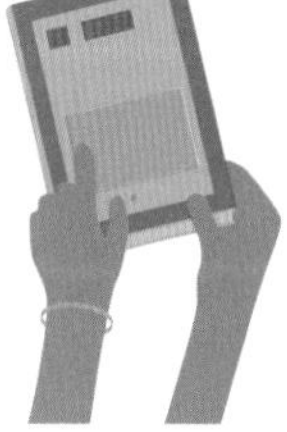

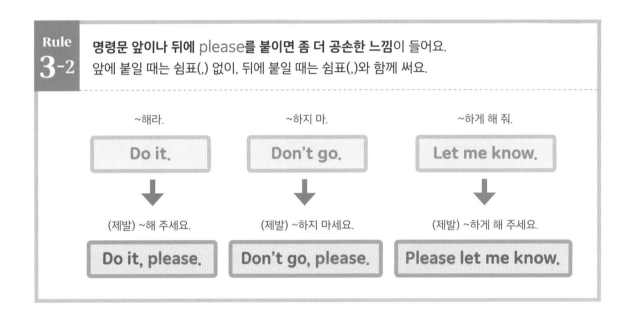

F 다음 빈칸에 please를 써서 공손한 어투로 바꿔 보세요.

① Let me know. 알려줘.

→ Let me know, _____. 알려주세요.

② Tell me. 얘기해 줘.

→ _____ tell me. 얘기해 주세요.

③ Don't forget. 잊어버리지 마.

→ _____ don't forget. 제발 잊지 마세요.

④ Let me see. 어디 보자.

→ Let me see, _____. (좀) 볼게요.

⑤ Don't run in the hall. 복도에서 뛰지 마.

→ _____ don't run in the hall. 복도에서 뛰지 마세요.

Unit 13 동사를 도와주는 조동사

Rule 1-1	조동사	조동사는 동사가 여러 가지 뜻을 나타내도록 도와주는 역할을 하는 것으로, 항상 동사 (앞 / 뒤)에 쓰고 그 뒤에 ＿＿＿＿＿＿＿＿을 써요.

Rule 1-1,2	조동사 can의 뜻과 부정형 의문문의 순서	조동사 can은 (할 수 있다 / 해야 한다)의 의미로 능력과 가능성을 나타내요. 부정형은 can 뒤에 not을 써서 ＿＿＿＿＿＿＿＿ 또는 ＿＿＿＿＿＿＿를 써요. 의문문을 만들 때는 조동사를 (주어 / 동사) (앞 / 뒤)에 써요.

* 다음 표를 완성하세요.

평서문	He can swim.
부정문	❶
의문문	❷

Rule 2-1	조동사 will의 뜻과 부정형	조동사 will은 '하겠다'의 의미로 (의지 / 미래), 또는 '~할 것이다'라는 (의지 / 미래)를 나타내요. 부정형은 will 뒤에 not을 써서 ＿＿＿＿＿＿＿＿ 또는 ＿＿＿＿＿＿＿로 나타내요.

* 다음 표를 완성하세요.

평서문	She will stay home.
부정문	❶
의문문	❷

Rule 3-1	조동사 should의 뜻과 부정형	조동사 should는 (~해야 한다 / ~인 게 틀림없다)는 의미로 의무와 제안을 나타내요. 부정형은 should 뒤에 not을 써서 ＿＿＿＿＿＿＿＿ 또는 ＿＿＿＿＿＿＿로 나타내요.

* 다음 표를 완성하세요.

평서문	You should tell her.
부정문	❶
의문문	❷ (주어를 I로)

| Rule 1-1 | 현재 시제와 현재 진행형의 차이 | 현재 시제는 '(~하다 / ~하고 있다)'의 뜻으로 현재의 사실과 습관을 나타내요. 현재진행형은 '(~하다 / ~하고 있다)'의 뜻으로 어떤 동작이 현재 진행되고 있음을 나타내요. |

| Rule 1-2 | 현재진행형의 형태 | be동사(am, _____, _____) 뒤에 동사원형에 -ing를 붙인 형태로 써요. |

| Rule 2-1 | 현재진행형의 부정문과 의문문 | '(하지 않다 / ~하고 있지 않다)'라는 의미의 현재진행형의 부정형은 be동사 뒤에 _____을 붙여요. 현재진행형의 의문문은 주어 (앞 / 뒤)에 Be동사를 써요. |

| Rule 3-1 | '동사원형 + ing'를 만드는 방법 | 대부분은 동사원형 뒤에 -ing를 붙여요. |

* 다음 표를 완성하세요.

wash + ing → *washing*	❶ feel + ing →
❷ listen + ing →	❸ eat + ing →
❹ sleep + ing →	❺ rain + ing →
❻ cry + ing →	❼ work + ing →

| Rule 3-2 | '동사원형 + ing'를 만드는 방법 | (-a / -e)로 끝나는 동사는 (-a / -e)를 빼고 -ing를 붙여요. |

* 다음 표를 완성하세요.

smile + ing → *smiling*	❶ dance + ing →
❷ live + ing →	❸ use + ing →
❹ drive + ing →	❺ ride + ing →

Rule 3-3	'동사원형 + ing'를 만드는 방법	'단모음 + 단자음'으로 끝나는 동사는 (모음 / 자음)을 한 번 더 쓰고 -ing를 붙여요.

* 다음 표를 완성하세요.

run + ing → *running*	❶ sit + ing →
❷ swim + ing →	❸ shop + ing →
❹ cut + ing →	❺ plan + ing →

Unit 15 명령하고 청유하기

Rule 1-1	명령문	명령문은 상대방에게 (~해라 / ~하자)라고 말하는 것으로, (주어 / 동사)를 생략하고, _____으로 시작해요.
Rule 1-2	부정명령문	상대방에게 (~해라 / ~하지 마)라고 말하는 것으로, (주어 / 동사)를 생략하고, _____로 시작해요. 그 뒤에 _____을 써요.
Rule 2-1	청유명령문	상대방에게 (~해라 / ~하자)라고 제안하는 것으로 _____로 시작해요. 부정형(~하지 말자)으로 제안할 때는 _____으로 시작해요.
Rule 3-1	공손한 명령문	상대방에게 '(내가) ~하게 해 줘'라고 말할 때 _____로 시작하는 명령문을 써요. 명령문 앞이나 뒤에 _____를 쓰면 좀 더 공손한 표현이 돼요.

* 다음 표를 완성하세요.

집에 가.	*Go home,*
집에 가지 마.	❶
집에 가자.	❷
(내가) 집에 가게 해 줘.	❸

Part
03

Unit 16
{ 설명하거나 꾸며 주는 형용사와 부사 }

Rule 1

a big box

Rule 2

It's small.

Rule 3

부사
quickly, hard

> A box!

> A big box!
> The box is big.

> An old box!
> The box is old.
> The boy is old, too.

Rule 1

a big box (명사를 꾸며 주는 형용사)

형용사란 **사람이나 사물의 상태나 특징을 설명하는 말**이에요.

형용사는 **색깔, 크기, 모양, 날씨, 수** 등을 나타내며 명사 앞에 써요.

a new house 새 집

long hair 긴 머리

hot soup 뜨거운 수프

an old car 낡은 자동차

A 보기에서 우리말에 알맞은 형용사를 골라 써 보세요.

> <보기> sweet   pretty   yellow   rainy   short

① 이 짧은 치마 : this _____ skirt

② 비 오는 날 : a _____ day

③ 너의 노란색 가방 : your _____ bag

④ 달콤한 냄새 : a _____ smell

⑤ 많은 예쁜 꽃들 : many _____ flowers

B 우리말에 알맞은 형용사를 골라 괄호 안의 단어를 함께 써서 문장을 완성하세요.

> <보기> red   best   brown   fresh

① Sue is _____. (my friend)
   나의 가장 친한 친구

② She has _____. (eyes)
   갈색 눈

③ We need _____. (some air)
   신선한 공기

④ She is wearing _____. (a dress)
   빨간 드레스

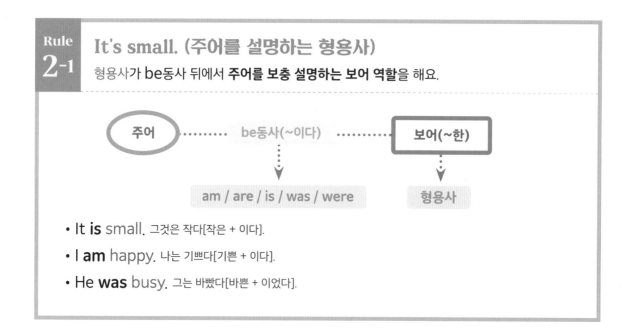

Rule 2-1 It's small. (주어를 설명하는 형용사)

형용사가 be동사 뒤에서 **주어를 보충 설명하는 보어 역할**을 해요.

주어 .... be동사(~이다) .... 보어(~한)

am / are / is / was / were   형용사

- It **is** small. 그것은 작다[작은 + 이다].
- I **am** happy. 나는 기쁘다[기쁜 + 이다].
- He **was** busy. 그는 바빴다[바쁜 + 이었다].

C 다음 보기와 같이 문장을 바꿔 써 보세요.

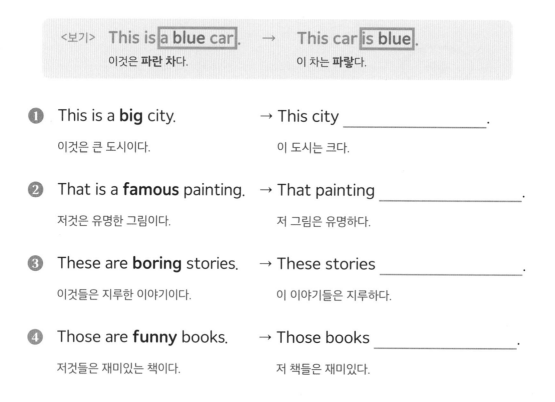

<보기> This is a blue car. → This car is blue.
이것은 **파란 차**다.   이 차는 **파랗**다.

❶ This is a **big** city.   → This city _____.

이것은 큰 도시이다.   이 도시는 크다.

❷ That is a **famous** painting. → That painting _____.

저것은 유명한 그림이다.   저 그림은 유명하다.

❸ These are **boring** stories. → These stories _____.

이것들은 지루한 이야기이다.   이 이야기들은 지루하다.

❹ Those are **funny** books.   → Those books _____.

저것들은 재미있는 책이다.   저 책들은 재미있다.

Rule 2-2 눈, 귀, 코, 입, 피부 등으로 **느끼는 것을 나타내는 감각동사 뒤에** 형용사가 **보어로** 쓰여요.

- look(~하게 보이다)   You **look** good! 멋져 보여.
- sound(~하게 들리다)   It **sounds** good! (이야기를 듣고서) 그거 좋은데!
- smell(~한 냄새가 나다)   The bread **smells** good! 빵 냄새 좋은데!
- taste(~한 맛이 나다)   It **tastes** good! 맛있는데!
- feel(~하게 느끼다)   It **feels** good! (만져 보면) 느낌이 좋아!

D 우리말에 알맞은 동사와 형용사를 골라 문장을 완성하세요.

〈보기〉 new   terrible   sick   happy   nice

❶ I _____. 몸이 안 좋아요[아픈 것처럼 느껴져요].

❷ You _____. 기분 좋은 것처럼 들려.

❸ This car _____. 이 차는 새 것처럼 보여.

❹ These flowers _____. 이 꽃들은 향이 좋아.

❺ This food _____. 이 음식은 맛이 끔찍해.

Rule 3-1	부사 quickly, hard
	부사는 형용사처럼 꾸며 주는 역할을 해요. 단, **동사나 형용사를 꾸며 줘요.**

형용사 careful　He is a **careful** driver. 그는 조심성이 많은 운전자이다.

(형용사 careful은 명사 driver를 꾸며요.)

부사 carefully　He drives **carefully**. 그는 조심해서 운전한다.

(부사 carefully는 동사 drives를 꾸며요.)

Rule 3-2	부사 중에는 **형용사에 -ly를 붙여서 만든 경우**들이 있어요.

형용사	quiet 조용한	careful 조심하는	kind 친절한
부사	quietly 조용히	carefully 조심히	kindly 친절하게

E ( )에서 알맞은 형용사 또는 부사를 고르세요.

❶ She **sings** (beautiful / beautifully). 그녀는 아름답게 노래를 불러.

❷ Ted is a (quick / quickly) **learner**. 테드는 빠른 학습자야[빨리 배우는 사람이야].

❸ **Be** (quiet / quietly). We are at the library. 조용히 해. 여기는 도서관이야.

❹ Would you **speak** more (loud / loudly)? 좀 더 크게 말해 줄래?

❺ Mary (kind / kindly) **helped** her. 메리가 친절하게도 그녀를 도와줬다.

Rule 3-3	부사 중에는 **형용사와 모양이 같은 경우**도 있어요.

형용사	fast 빠른	early 이른	hard 단단한, 어려운	late 늦은
부사	fast 빨리	early 일찍	hard 열심히	late 늦게

F 다음 밑줄 친 단어의 뜻을 적고, 단어가 형용사와 부사 중 어떤 역할을 하는지 고르세요.

1 He **works** hard.　　　　　　　_____ (형용사, 부사)

그는 열심히 일한다.

2 It's too late.　　　　　　　_____ (형용사, 부사)

너무 늦다.

3 David **runs** fast.　　　　　　　_____ (형용사, 부사)

데이비드는 빨리 뛴다.

4 We **get up** early.　　　　　　　_____ (형용사, 부사)

우리는 일찍 일어난다.

5 This question **is** hard.　　　　　　　_____ (형용사, 부사)

이 문제는 어렵다.

6 She is an early **riser**.　　　　　　　_____ (형용사, 부사)

그녀는 일찍 일어나는 사람이다.

Unit 17

장소나 시간을 나타내는 전치사

Rule 1 위치, 장소 전치사

Rule 2 시간 전치사

Rule 3 기타 시간 전치사

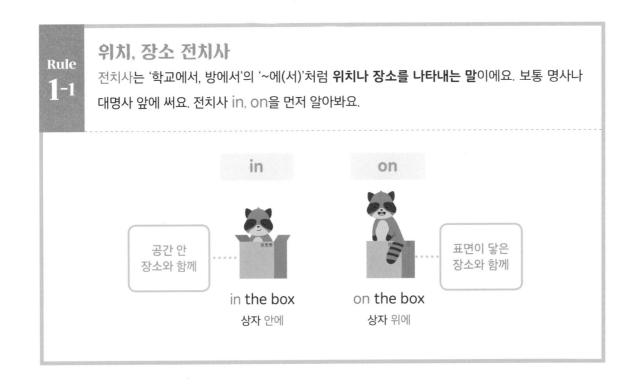

Rule 1-1 위치, 장소 전치사

전치사는 '학교에서, 방에서'의 '~에(서)'처럼 **위치나 장소를 나타내는 말**이에요. 보통 명사나 대명사 앞에 써요. 전치사 in, on을 먼저 알아봐요.

in

공간 안 장소와 함께

in the box
상자 안에

on

표면이 닿은 장소와 함께

on the box
상자 위에

A 그림을 보고 알맞은 전치사를 고르세요.

❶ (in / on) the chair
의자 위에

❷ (in / on) the wall
벽 위에

❸ (in / on) the classroom
교실 안에

❹ (in / on) the bed
침대 위에

❺ (in / on) my bag
내 가방 안에

❻ (in / on) the car
차 안에

Rule 1-2 전치사는 **명사 앞에 와서 해석할 때 우리말 순서와 달라요.** 다른 위치나 장소를 나타내는 전치사를 그림과 함께 익혀 보세요.

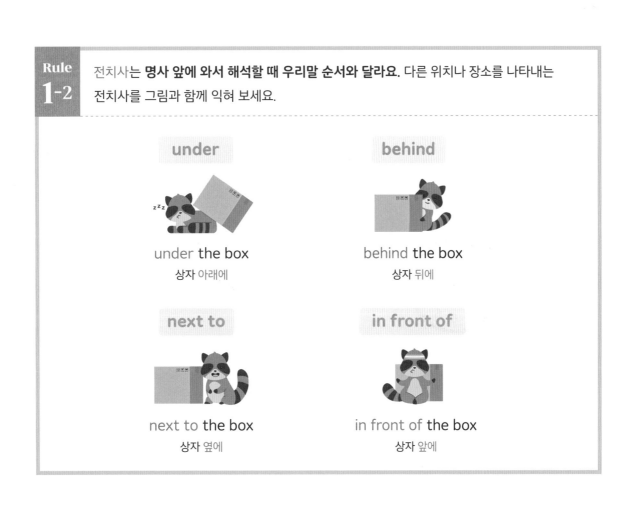

under

under the box
상자 아래에

behind

behind the box
상자 뒤에

next to

next to the box
상자 옆에

in front of

in front of the box
상자 앞에

B 그림을 보고 공의 위치에 알맞은 전치사를 써 보세요.

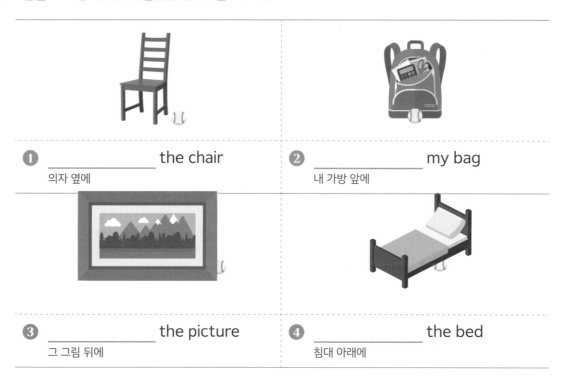

① _____ the chair
의자 옆에

② _____ my bag
내 가방 앞에

③ _____ the picture
그 그림 뒤에

④ _____ the bed
침대 아래에

Rule 2

시간 전치사

전치사는 '3시, 월요일, 2021년'처럼 **시간을 나타내는 말 앞에 쓰이는 단어**이기도 해요. 시간 전치사로 쓰이는 at, on, in을 비교해 봐요.

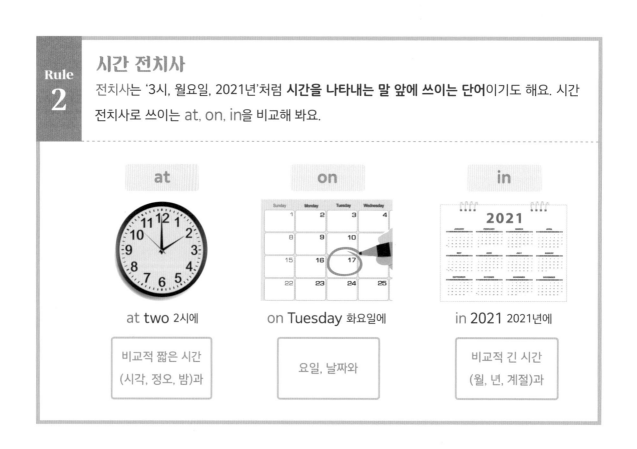

at two 2시에
비교적 짧은 시간
(시각, 정오, 밤)과

on Tuesday 화요일에
요일, 날짜와

in 2021 2021년에
비교적 긴 시간
(월, 년, 계절)과

C 다음 빈칸에 공통적으로 들어갈 전치사를 써 보세요.

① ( ) _____ night _____ 11 o'clock _____ noon
밤에 11시에 정오에

② ( ) _____ summer _____ winter _____ October
여름에 겨울에 10월에

③ ( ) _____ holiday _____ Sunday _____ December 25th
휴일에 일요일에 12월 25일에

④ ( ) _____ the evening _____ 1999 _____ spring
저녁에 1999년에 봄에

D 알맞은 전치사를 골라 문장을 완성하세요.

주어 ····· 동사 ········ 목적어 / 보어 ······· 시간 표현
↓
전치사(at, on, in) + 명사

① The class finishes (at / on / in) noon. 수업은 정오에 끝마쳐요.

② He was born (at / on / in) 1998. 그는 1998년에 태어났어요.

③ We meet (at / on / in) Saturdays. 우리는 토요일마다 만나요.

④ My birthday is (at / on / in) April 10th. 내 생일은 4월 10일이에요.

⑤ We have dinner (at / on / in) seven. 우리는 7시에 저녁을 먹어요.

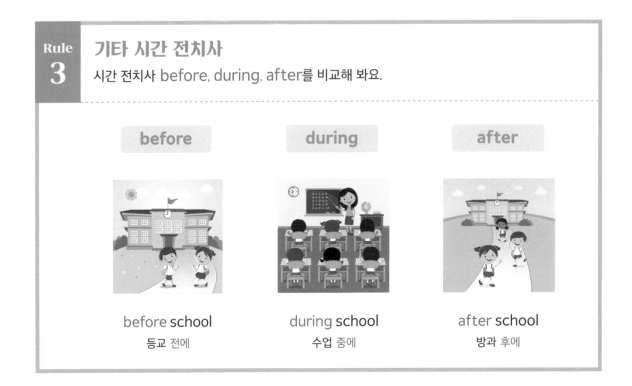

Rule 3 기타 시간 전치사

시간 전치사 before, during, after를 비교해 봐요.

before	during	after
before school	during school	after school
등교 전에	수업 중에	방과 후에

E 우리말에 맞게 주어진 명사와 알맞은 전치사를 쓰세요.

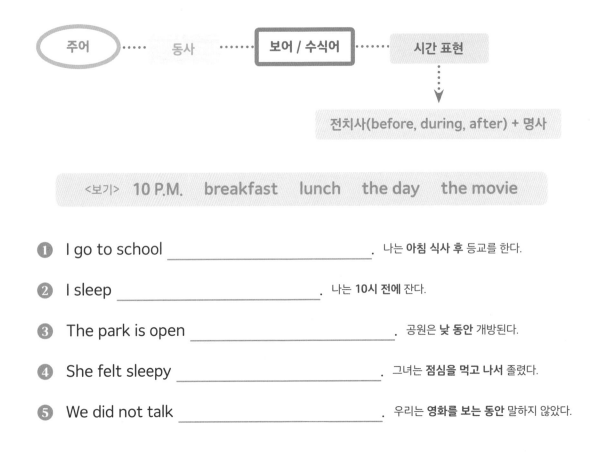

주어 ······ 동사 ······ 보어 / 수식어 ······ 시간 표현

전치사(before, during, after) + 명사

<보기> 10 P.M.   breakfast   lunch   the day   the movie

❶ I go to school _____. 나는 **아침 식사 후** 등교를 한다.

❷ I sleep _____. 나는 **10시 전에** 잔다.

❸ The park is open _____. 공원은 **낮 동안** 개방된다.

❹ She felt sleepy _____. 그녀는 **점심을 먹고 나서** 졸렸다.

❺ We did not talk _____. 우리는 **영화를 보는 동안** 말하지 않았다.

Unit 18

{ There + be동사 }

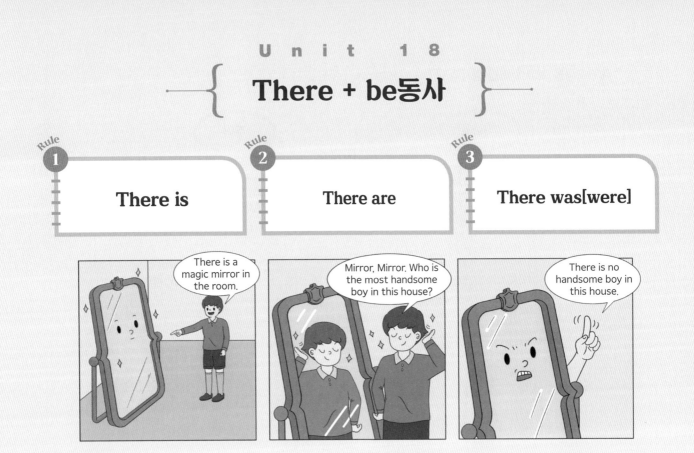

Rule 1 There is

Rule 2 There are

Rule 3 There was[were]

(Speech bubble 1) There is a magic mirror in the room.

(Speech bubble 2) Mirror, Mirror. Who is the most handsome boy in this house?

(Speech bubble 3) There is no handsome boy in this house.

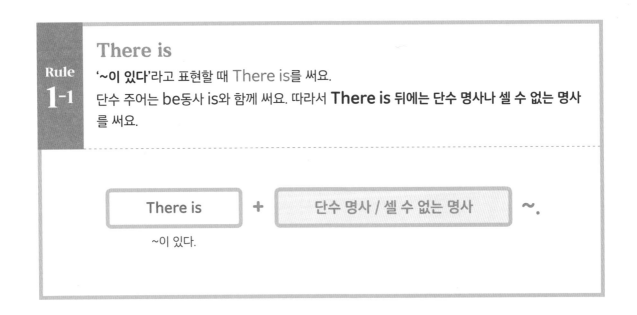

Rule 1-1

There is

'~이 있다'라고 표현할 때 There is를 써요.
단수 주어는 be동사 is와 함께 써요. 따라서 **There is** 뒤에는 단수 명사나 셀 수 없는 명사를 써요.

| There is | + | 단수 명사 / 셀 수 없는 명사 | ~. |

~이 있다.

A 그림을 보고 주어진 명사와 'There is'를 써서 문장을 완성하세요.

| some cheese | a boat | a little bread | somebody |

❶ _____ on the table.
탁자 위에 빵이 조금 있다.

❷ _____ in the sea.
바다에 배가 한 척 있다.

❸ _____ at the door.
문에 누군가가 있다.

❹ _____ in the refrigerator.
냉장고에 치즈가 조금 있다.

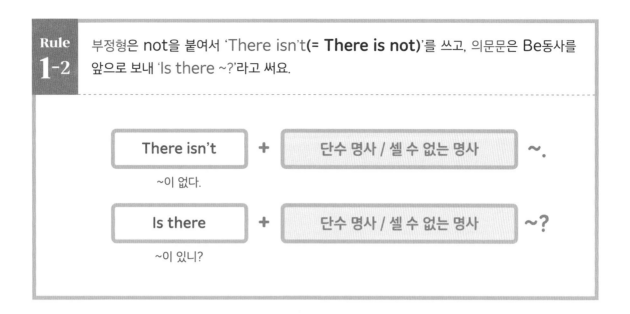

B 우리말에 알맞게 'There isn't' 또는 'Is there'를 써서 문장을 완성하세요.

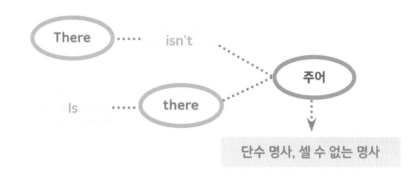

❶ _____ any water in the glass.

잔에 물이 없어.

❷ _____ a restaurant around here?

이 주변에 식당이 있어?

❸ _____ much left.

많이 안 남았어[남은 게 얼마 없어].

❹ _____ any good news.

좋은 소식이 없어.

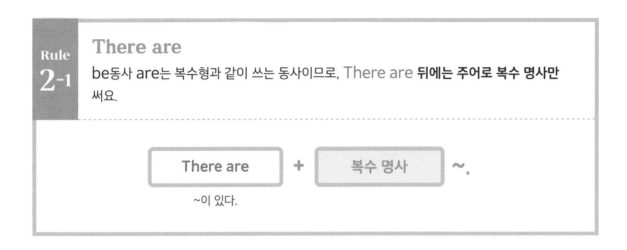

Rule 2-1

There are

be동사 are는 복수형과 같이 쓰는 동사이므로, There are **뒤에는 주어로 복수 명사만** 써요.

| There are | + | 복수 명사 | ~. |

~이 있다.

C 그림을 보고 주어진 명사와 'There are'를 써서 문장을 완성하세요.

| a few apples | a lot of cars | many flowers | three kids |

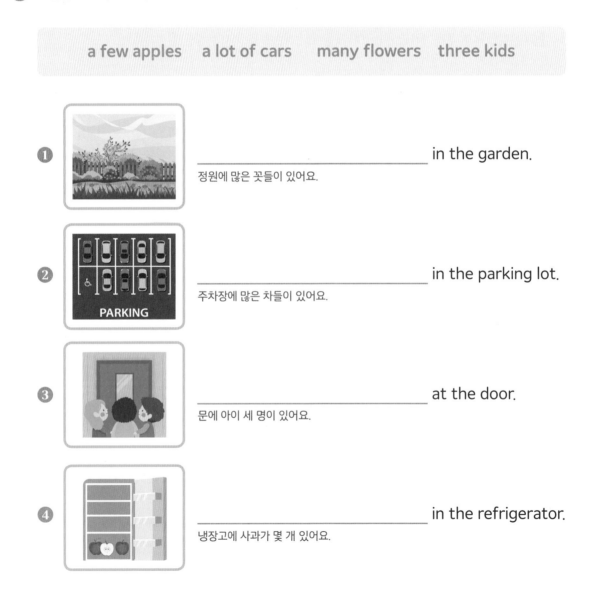

❶ _____ in the garden.

정원에 많은 꽃들이 있어요.

❷ _____ in the parking lot.

주차장에 많은 차들이 있어요.

❸ _____ at the door.

문에 아이 세 명이 있어요.

❹ _____ in the refrigerator.

냉장고에 사과가 몇 개 있어요.

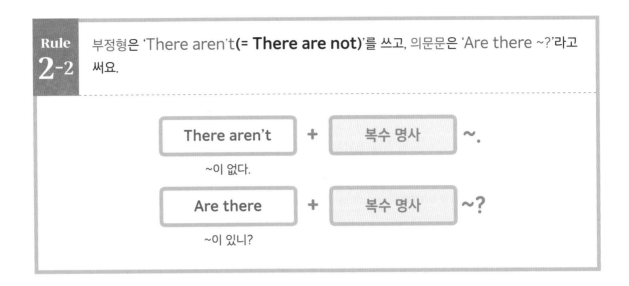

There aren't + 복수 명사 ~.
~이 없다.

Are there + 복수 명사 ~?
~이 있니?

D 우리말에 알맞게 'There aren't' 또는 'Are there'를 써서 문장을 완성하세요.

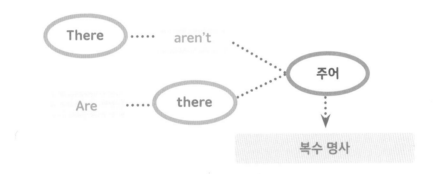

There ····· aren't
Are ····· there
주어
복수 명사

❶ _____ any other questions?
다른 질문 있어요?

❷ _____ many cars on the road.
도로에 차들이 많지 않다.

❸ _____ any interesting programs?
재미있는 프로그램이 좀 있어?

❹ _____ any trains at that time.
그 시간에는 기차가 전혀 없다.

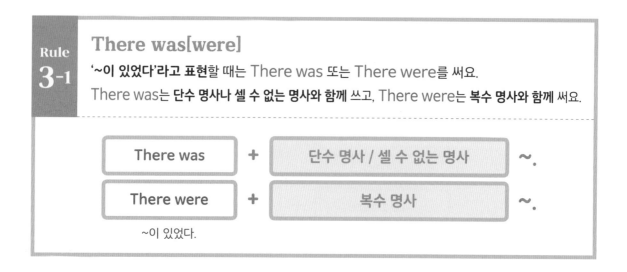

E 우리말에 맞게 빈칸에 'There was' 또는 'There were'를 써서 문장을 완성하세요.

❶ _____ ice on the windows.

창문에 얼음이 얼어 있었다.

❷ _____ a lot of people at the museum.

박물관에 사람이 많았다.

❸ _____ a ring at the door.

문에서 초인종 소리가 났다.

❹ _____ no phone calls and no emails.

전화도 이메일도 없었다.

❺ _____ a car accident.

자동차 사고가 있었다.

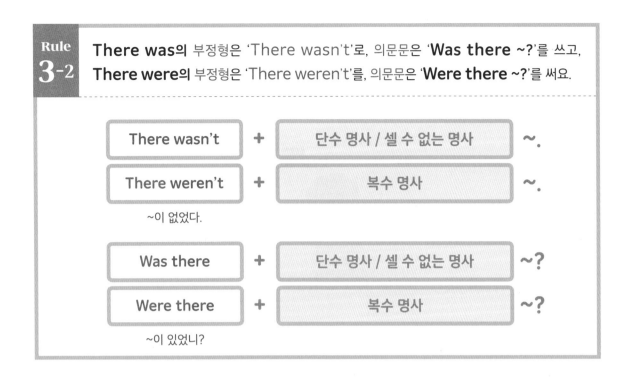

Rule 3-2   **There was**의 부정형은 'There wasn't'로, 의문문은 'Was there ~?'를 쓰고,
There were의 부정형은 'There weren't'를, 의문문은 'Were there ~?'를 써요.

| There wasn't | + | 단수 명사 / 셀 수 없는 명사 | ~. |
| There weren't | + | 복수 명사 | ~. |

~이 없었다.

| Was there | + | 단수 명사 / 셀 수 없는 명사 | ~? |
| Were there | + | 복수 명사 | ~? |

~이 있었니?

F 우리말을 보고 주어진 표현을 써서 문장을 완성하세요.

> <보기> a pool   any seats   a lot of food
> many people   many pencils

❶ _____ at the party.

파티에 음식이 많지 않았다.

❷ _____ in the park.

공원에 사람들이 많이 없었다.

❸ _____ left at the concert.

공연에 남은 좌석이 없었다.

❹ _____ at the hotel?

그 호텔에 수영장이 있었니?

❺ _____ in the pencil case?

필통에 연필이 많았니?

Unit 19

{ 물어볼 때 쓰는 의문사 }

Rule 1

Who, What

Rule 2

When, Where

Rule 3

Why, How

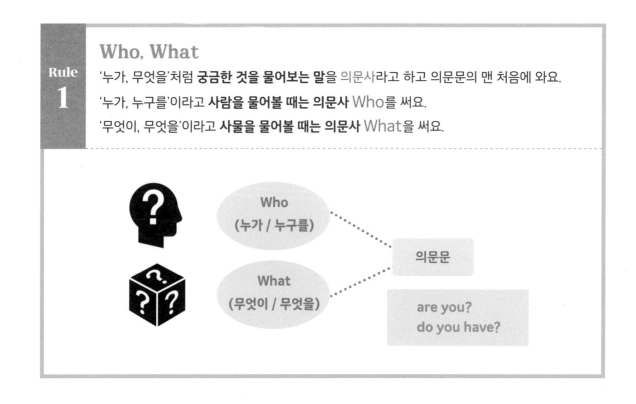

Rule 1

Who, What

'누가, 무엇을'처럼 **궁금한 것을 물어보는 말**을 의문사라고 하고 의문문의 맨 처음에 와요.

'누가, 누구를'이라고 **사람을 물어볼 때**는 의문사 Who를 써요.

'무엇이, 무엇을'이라고 **사물을 물어볼 때**는 의문사 What을 써요.

A 질문의 답을 보고 의문사 Who 또는 What을 써 보세요.

❶ _____ is this?   - He is my brother.

❷ _____ is this?   - It's a gift for my friend.

❸ _____ is his name?   - His name is James.

❹ _____ are you calling?   - My mom.

❺ _____ did you buy?   - A new computer.

❻ _____ did you meet yesterday?   - My friends.

B 보기처럼 각 문장의 어떤 부분이 의문사로 바뀌었는지 동그라미 해 보세요.

> <보기> (Mary) knows this.   →   **Who** knows this?
> 메리는 이것을 알아.   누가 이것을 알지?
>
> That boy is (my brother.)   →   **Who** is that boy?
> 저 남자애는 내 동생이야.   저 남자애는 누구지?

❶ My dog is in the box.   →   What is in the box?

내 개는 상자 안에 있어.   상자 안에 무엇이 있니?

❷ They are Jack and Jill.   →   Who are they?

그들은 잭과 질이야.   그들은 누구니?

❸ Ben likes K-pop.   →   What does Ben like?

벤은 케이팝을 좋아한다.   벤은 무엇을 좋아하니?

❹ Your sister was there alone.   →   Who was there alone?

네 언니가 거기 혼자 있었어.   거기 누가 혼자 있었어?

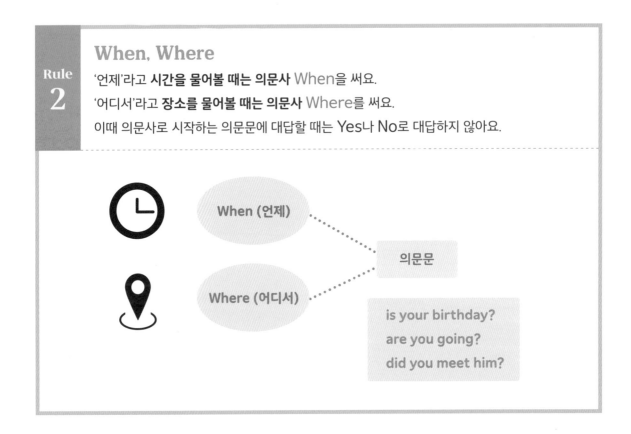

Rule 2

When, Where

'언제'라고 **시간을 물어볼 때는 의문사** When을 써요.
'어디서'라고 **장소를 물어볼 때는 의문사** Where를 써요.
이때 의문사로 시작하는 의문문에 대답할 때는 Yes나 No로 대답하지 않아요.

When (언제)
Where (어디서)

의문문

is your birthday?
are you going?
did you meet him?

C 질문의 답을 보고 의문사 When 또는 Where를 써 보세요.

1 _____ do you get up?   – At six.

2 _____ is the class?   – It starts at nine.

3 _____ is the classroom?   – It's on the second floor.

4 _____ are you?   – In the kitchen.

5 _____ did you first meet him? – Last year.

6 _____ does John live?   – In New York.

D 보기처럼 각 문장의 어떤 부분이 의문사로 바뀌었는지 동그라미 해 보세요.

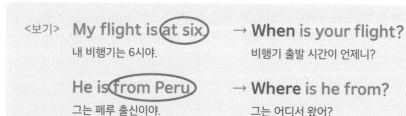

<보기> My flight is (at six). → **When** is your flight?
내 비행기는 6시야.   비행기 출발 시간이 언제니?

He is (from Peru) → **Where** is he from?
그는 페루 출신이야.   그는 어디서 왔어?

❶ I am going to the market.   → **Where** are you going?
나는 시장에 가고 있어.   너 어디에 가고 있니?

❷ The children are in the playground. → **Where** are the children?
아이들은 놀이터에 있어.   아이들은 어디에 있니?

❸ The party is at 2 on Friday.   → **When** is the party?
파티는 금요일 2시야.   파티는 언제니?

❹ You can see me tomorrow.   → **When** can I see you?
너는 나를 내일 볼 수 있어.   내가 너를 언제 볼 수 있니?

❺ He put the box on the table.   → **Where** did he put the box?
그는 상자를 탁자 위에 뒀어.   그는 상자를 어디에 뒀니?

❻ My birthday is August 21st.   → **When** is your birthday?
내 생일은 8월 21일야.   네 생일이 언제니?

Why, How

Rule 3

의문사 Why는 '왜'라고 이유를 물어볼 때 쓰는 말이에요.
의문사 How는 '어떻게'라고 방법을 묻는 말이에요. **be동사**와 함께 쓰면 '~는 어떤가'라는 뜻이에요.

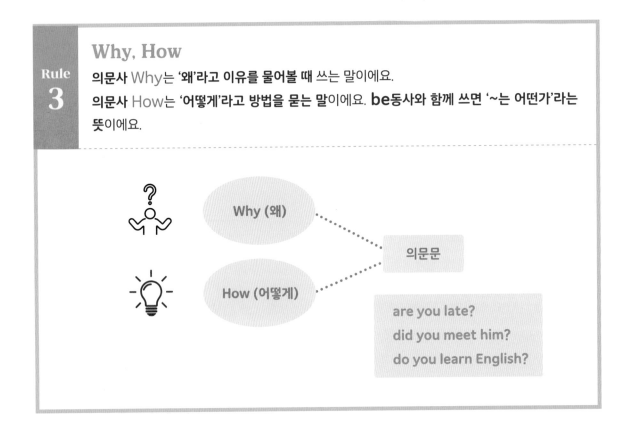

Why (왜)

How (어떻게)

의문문

are you late?
did you meet him?
do you learn English?

E 질문의 답을 보고 의문사 Why 또는 How를 써 보세요.

❶ _____ are you laughing?   - This book is so funny.

❷ _____ was your weekend?   - Great. I went on a picnic.

❸ _____ are you late?   - I missed the bus.

❹ _____ can I turn off the light?   - I will show you.

❺ _____ do you go to school?   - I walk to school.

❻ _____ are you angry?   - Someone took my bike.

F 빈칸에 적절한 의문사를 넣어서 대화를 완성하세요.

> Who   What   When
>
> Where   Why   How

① A: _____ is your phone number?

 B: It's 555-3456.

② A: _____ is your birthday?

 B: It's on March 1st.

③ A: _____ do you live?

 B: Near here.

④ A: _____ were you absent yesterday?

 B: Because I had a cold.

⑤ A: _____ was your trip?

 B: It was wonderful.

⑥ A: _____ is your English teacher?

 B: Ms. Brown.

Review 5 ▸▸▸ 퀴즈의 답을 빈칸에 채우거나 괄호 안에서 고르세요.

Unit 16 설명하거나 꾸며 주는 형용사와 부사

Rule 1 형용사

형용사는 사람이나 사물의 _____ 나 _____ 을 설명하는 말이에요. 보통 명사 (앞 / 뒤)에 써요.

Rule 2-1 보어로 쓰이는 형용사

형용사가 be동사 (앞 / 뒤)에 오면 (주어 / 목적어)를 보충 설명하는 보어 역할을 해요.

Rule 2-2 감각동사의 종류

감각동사에는 (👁) _____, (👂) sound, (👃) _____, (👅) taste, (✋) _____ 이 있어요.

Rule 3-1 부사의 의미와 형태

부사는 (주어 / 동사)나 (명사 / 형용사)를 꾸며 줘요.
부사 중에는 quietly처럼 형용사에 _____를 붙여서 만든 경우와 fast처럼 (명사 / 형용사)와 모양이 같은 경우 등이 있어요.

Unit 17 장소나 시간을 나타내는 전치사

Rule 1-1 위치, 장소 전치사 in, on

'~에서'라는 의미로 그 (앞 / 뒤)에는 보통 명사나 _____를 써요.
공간 안 장소는 전치사 (in / on)을, 표면이 닿은 장소는 전치사 (in / on)을 써요.

Rule 1-2 위치, 장소 전치사 under, behind, next to, in front of의 뜻

① under는 (~ 아래 / ~ 위에), ② behind는 (~ 앞에 / ~ 뒤에), ③ next to는 (~ 옆에 / ~ 가운데에), ③ in front of는 (~ 앞에 / ~ 뒤에)라는 뜻이에요.

Rule 2 시간 전치사 at, on, in의 차이점

① 비교적 짧은 시간(시각, 정오, 밤)은 전치사 _____, ② 요일이나 날짜는 _____, ③ 비교적 긴 시간(월, 년, 계절)은 _____을 함께 써요.

Rule 3 시간 전치사 before, during, after의 뜻

① 전치사 before는 (~ 전에 / ~ 중에 / ~ 후에)
② during은 (~ 전에 / ~ 중에 / ~ 후에)
③ after는 (~ 전에 / ~ 중에 / ~ 후에)라는 뜻이에요.

Unit 18   There + be동사

Rule 1-1 2-1 | **'~가 있다'라고 나타내는 표현** | '~이 있다'라고 표현할 때 단수 주어는 (There is / There are), 복수 주어는 (There is / There are)와 함께 써요.

Rule 1-2 2-2 | **'~가 없다'라고 나타내는 표현** | There is의 부정형은 줄여서 _____, There are의 부정형은 줄여서 _____를 써요.

Rule 1-2 2-2 | **'~가 있니?'라고 물어보는 표현** | 의문문은 be동사를 주어 (앞 / 뒤)(으)로 보내 단수 주어는 (Is there / Are there), 복수 주어는 (Is there / Are there)와 함께 써요.

Rule 3-1 | **과거에 있었던 것을 나타내는 표현** | '~이 있었다'라고 표현할 때 be동사의 (현재형 / 과거형)을 써서 단수 주어는 _____, 복수 주어는 _____와 함께 써요.

Unit 19   물어볼 때 쓰는 의문사

Rule 1 | **의문사의 위치** | 의문사는 (평서문 / 의문문 / 부정문 / 명령문)의 맨 (처음 / 뒤)에 와요.

Rule 1 | **의문사 who, what의 차이점** | 의문사 (Who / What)은/는 '누구'라고 사람을 물어보며, 의문사 (Who / What)은/는 '무엇'이라는 의미로 사물에 대해 물어봐요.

Rule 2 | **시간이나 장소를 물어보는 의문사** | '언제'라고 (시간 / 장소)을/를 물어볼 때는 의문사 (When / Where)을/를 써요. '어디서'라고 (시간 / 장소)을/를 물어볼 때는 _____(이)라고 써요.

Rule 3 | **이유나 방법을 물어보는 의문사** | '왜'냐고 (이유 / 방법)을/를 물어볼 때는 의문사 (Why / How)를 써요. '어떻게'라고 (이유 / 방법)을/를 물어볼 때는 _____라고 써요.

Part
04

Unit 20

{ 둘을 서로 비교하는 형용사 비교급 }

Rule 1

형용사 + er

Rule 2

more + 형용사

Rule 3

비교급 + than

Rule 1-1

형용사 + er

형용사의 원래 형태를 '원급'이라고 해요.

비교급은 **두 사람이나 두 개 사물을 서로 비교하는 표현**으로, '더 ~한' 이란 뜻이에요.

대부분의 비교급은 형용사 뒤에 -er를 붙여요.

원급	비교급	원급	비교급
big	bigger	strong	stronger
큰	더 큰	힘센	더 힘센

A 다음 형용사 뒤에 -er를 붙여 비교급을 만드세요.

1 tall (키가 큰) → _____ (더 키가 큰)　　**2** old (나이 많은) → _____ (더 나이 많은)

3 small (작은) → _____ (더 작은)　　**4** fast (빠른) → _____ (더 빠른)

5 young (어린) → _____ (더 어린)　　**6** slow (느린) → _____ (더 느린)

Rule 1-2 형용사의 끝나는 형태에 따라 -er를 붙이는 방법이 달라져요.

형용사 유형	규칙	예
-e로 끝나는 경우	+ r	wide → wider
단모음 + 단자음으로 끝나는 경우	마지막 자음 반복 + er	big → bigger
자음 + y로 끝나는 경우	-y를 i로 바꾼 후 + er	happy → happier

B -e로 끝나는 형용사 뒤에 -r를 붙여 비교급을 만드세요.

1 late (늦은) → _____ (더 늦은)　　**2** large (큰) → _____ (더 큰)

3 nice (멋진) → _____ (더 멋진)　　**4** safe (안전한) → _____ (더 안전한)

5 wide (넓은) → _____ (더 넓은)　　**6** wise (현명한) → _____ (더 현명한)

C 단모음 + 단자음으로 끝나는 형용사의 마지막 자음을 반복한 뒤 -er를 붙여 비교급을 만드세요.

1 wet (젖은) → _____ (더 젖은)　　**2** fat (뚱뚱한) → _____ (더 뚱뚱한)

3 hot (뜨거운) → _____ (더 뜨거운)　　**4** thin (마른) → _____ (더 마른)

D   -y로 끝나는 형용사의 -y를 i로 바꾼 후 -er를 붙여 비교급을 만드세요.

① easy (쉬운)   → _____ (더 쉬운)

② busy (바쁜)   → _____ (더 바쁜)

③ heavy (무거운) → _____ (더 무거운)

④ pretty (예쁜)   → _____ (더 예쁜)

⑤ happy (행복한) → _____ (더 행복한)

⑥ early (이른)   → _____ (더 이른)

Rule 1-3	일부 형용사는 **불규칙 형태**이므로 별도로 외워야 해요.		
원급	비교급	원급	비교급
good (좋은)	better (더 좋은)	many / much (많은)	more (더 많은)
bad (나쁜)	worse (더 나쁜)	little (적은)	less (더 적은)

E   불규칙 형용사의 비교급을 쓰세요.

① bad (나쁜)   → _____ (더 나쁜)

② many (많은) → _____ (더 많은)

③ good (좋은) → _____ (더 좋은)

④ little (적은) → _____ (더 적은)

⑤ much (많은) → _____ (더 많은)

more + 형용사

2음절 이상의 형용사는 대부분 **앞에** more를 써서 비교급을 만들어요.

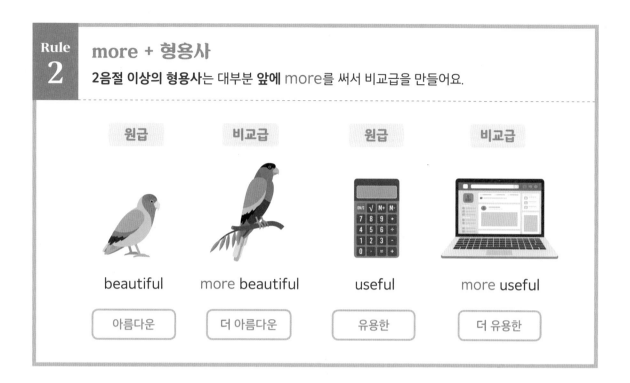

원급	비교급	원급	비교급
beautiful	more beautiful	useful	more useful
아름다운	더 아름다운	유용한	더 유용한

F 다음 형용사 앞에 more를 붙여 비교급을 만드세요.

❶ difficult (어려운) → _____ (더 어려운)

❷ important (중요한) → _____ (더 중요한)

❸ interesting (흥미로운) → _____ (더 흥미로운)

❹ popular (인기 있는) → _____ (더 인기 있는)

❺ comfortable (편안한) → _____ (더 편안한)

❻ handsome (잘 생긴) → _____ (더 잘 생긴)

❼ famous (유명한) → _____ (더 유명한)

❽ expensive (비싼) → _____ (더 비싼)

G 보기처럼 빈칸에 알맞은 비교급을 쓰세요.

> <보기> **This chair is comfortable.**
> 이 의자는 편안하다.
>
> **But that sofa is <u>more comfortable</u>.**
> 하지만 저 의자는 더 편안하다.

❶ Today is **hot**. But yesterday was _____.

오늘은 덥다. 하지만 어제가 더 더웠다.

❷ Money is **important**. But time is _____.

돈은 중요하다. 하지만 시간이 더 중요하다.

❸ Mary looks **happy** today. But her mom looks _____.

메리는 오늘 행복해 보인다. 하지만 그녀의 엄마가 더 행복해 보인다.

❹ I have **many** books. But John has _____ books.

나는 많은 책들을 가지고 있다. 하지만 존이 더 많은 책들을 가지고 있다.

Rule 3

'~보다 더…한'처럼 **두 개를 비교할 때** 비교급 뒤에 than을 써요.

> **+ er than**　　　　**more … than**
>
> The red house is **bigger** than the blue house.
> 빨간 집이 파란 집보다 더 커요.
>
> The red house is **more expensive** than the blue house.
> 빨간 집이 파란 집보다 더 비싸요.

H 주어진 단어와 그림을 보고 비교급과 than을 이용하여 문장을 완성하세요.

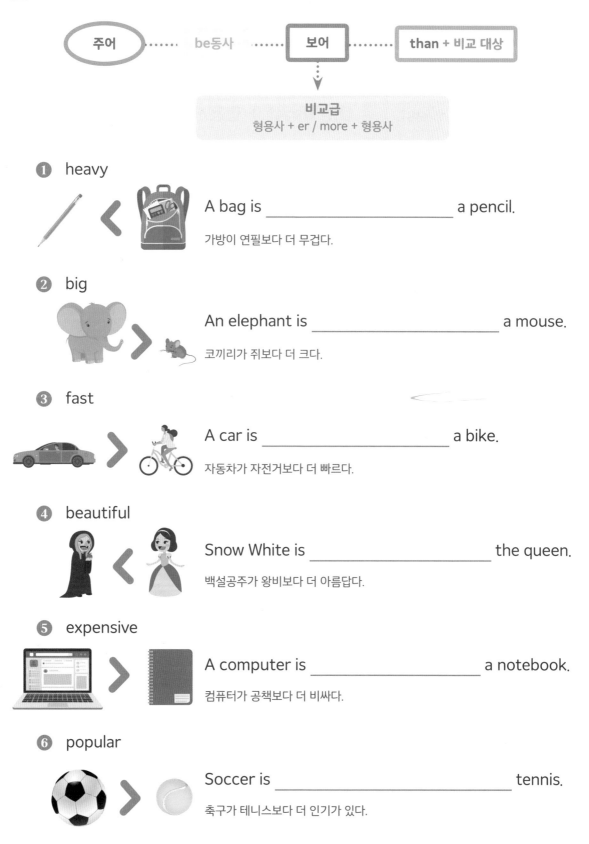

주어 ······ be동사 ······ 보어 ······ than + 비교 대상

비교급
형용사 + er / more + 형용사

❶ heavy

A bag is _____ a pencil.

가방이 연필보다 더 무겁다.

❷ big

An elephant is _____ a mouse.

코끼리가 쥐보다 더 크다.

❸ fast

A car is _____ a bike.

자동차가 자전거보다 더 빠르다.

❹ beautiful

Snow White is _____ the queen.

백설공주가 왕비보다 더 아름답다.

❺ expensive

A computer is _____ a notebook.

컴퓨터가 공책보다 더 비싸다.

❻ popular

Soccer is _____ tennis.

축구가 테니스보다 더 인기가 있다.

{ 셋 이상 중 최고를 나타내는 최상급 }

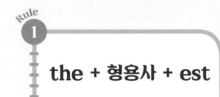

Rule 1 the + 형용사 + est

Rule 2 the most + 형용사

Rule 3 최상급 + of / in

I am fast.

I am faster.

I am the fastest!

Rule 1-1 the + 형용사 + est

최상급은 셋 이상의 사람이나 사물을 비교하는 표현으로, '가장 ~한'이란 뜻이에요.
대부분의 최상급은 형용사 앞에 the를 쓰고 뒤에 -est를 붙여요.

원급	비교급	최상급
strong	stronger	the strongest
힘센	더 힘센	가장 힘센

A 비교급 형용사의 원급을 찾아 -est를 붙여 최상급을 만드세요.

❶ taller → the _____ (가장 키가 큰) ❷ older → the _____ (가장 나이 많은)

❸ smaller→ the _____ (가장 작은) ❹ faster → the _____ (가장 빠른)

❺ younger → the _____ (가장 어린) ❻ slower → the _____ (가장 느린)

Rule 1-2	형용사의 끝나는 형태에 따라 -est를 붙이는 방법이 달라져요.	

형용사 유형	규칙	예
-e로 끝나는 경우	+ st	wide → widest
단모음 + 단자음으로 끝나는 경우	마지막 자음 반복 + est	big → biggest
자음 + y로 끝나는 경우	-y를 i로 바꾼 후 + est	happy → happiest

B -e로 끝나는 형용사의 비교급과 최상급을 만들어 보세요.

❶ late (늦은) → _____ (더 늦은) → the _____ (가장 늦은, 최신의)

❷ large (큰) → _____ (더 큰) → the _____ (가장 큰)

❸ nice (멋진) → _____ (더 멋진) → the _____ (가장 멋진)

C 단모음 + 단자음으로 끝나는 형용사의 비교급과 최상급을 만들어 보세요.

❶ wet (젖은) → _____ (더 젖은) → the _____ (가장 젖은)

❷ fat (뚱뚱한) → _____ (더 뚱뚱한) → the _____ (가장 뚱뚱한)

❸ hot (뜨거운) → _____ (더 뜨거운) → the _____ (가장 뜨거운)

D -y로 끝나는 형용사의 비교급과 최상급을 만들어 보세요.

1 easy (쉬운)　　→ _____ (더 쉬운)　→ the _____ (가장 쉬운)

2 busy (바쁜)　　→ _____ (더 바쁜)　→ the _____ (가장 바쁜)

3 heavy (무거운)　→ _____ (더 무거운)　→ the _____ (가장 무거운)

4 pretty (예쁜)　→ _____ (더 예쁜)　→ the _____ (가장 예쁜)

5 happy (행복한)　→ _____ (더 행복한)　→ the _____ (가장 행복한)

6 early (이른)　　→ _____ (더 이른)　→ the _____ (가장 이른)

Rule 1-3	일부 형용사는 **불규칙 형태**이므로 별도로 외워야 해요.

원급(~한)	비교급(더 ~한)	최상급(가장 ~한)
good (좋은)	better	the best
bad (나쁜)	worse	the worst
many / much (많은)	more	the most
little (적은)	less	the least

E 불규칙 형용사의 비교급과 최상급을 쓰세요.

1 bad (나쁜)　→ _____ (더 나쁜) → the _____ (가장 나쁜)

2 many (많은)　→ _____ (더 많은) → the _____ (가장 많은)

3 good (좋은)　→ _____ (더 좋은) → the _____ (가장 좋은)

4 little (적은)　→ _____ (더 적은) → the _____ (가장 적은)

5 much (많은)　→ _____ (더 많은) → the _____ (가장 많은)

the most + 형용사

2음절 이상의 형용사는 대부분 **앞에** the most를 써서 최상급을 만들어요.

원급	비교급	최상급

beautiful | more beautiful | the most beautiful

아름다운 | 더 아름다운 | 가장 아름다운

F 다음 형용사 앞에 most를 붙여 최상급을 만드세요.

❶ difficult (어려운) → the _____ (가장 어려운)

❷ important (중요한) → the _____ (가장 중요한)

❸ interesting (흥미로운) → the _____ (가장 흥미로운)

❹ exciting (신나는) → the _____ (가장 신나는)

❺ comfortable (편안한) → the _____ (가장 편안한)

❻ handsome (잘생긴) → the _____ (가장 잘생긴)

❼ famous (유명한) → the _____ (가장 유명한)

❽ expensive (비싼) → the _____ (가장 비싼)

G 보기처럼 빈칸에 알맞은 최상급을 쓰세요.

> <보기> **It was a very interesting book.**
>
> 그것은 아주 흥미로운 책이었다.
>
> **I read the most interesting book.**
>
> 나는 가장 흥미로운 책을 읽었다.

❶ It was a very **useful** tool. I bought _____ tool.

그것은 아주 유용한 도구였다. 나는 가장 유용한 도구를 샀다.

❷ She was a very **beautiful** girl. I saw _____ girl.

그녀는 아주 아름다운 소녀였다. 나는 가장 아름다운 소녀를 보았다.

❸ It was a very **difficult** test. I took _____ test.

그것은 아주 어려운 시험이었다. 나는 가장 어려운 시험을 보았다.

Rule 3 '~ 중 가장…한' 처럼 **세 개 이상을 비교할 때 최상급 뒤에** of **또는** in**을 써요.**

| strawberry / $ 5 | apple / $ 10 | pineapple / $ 20 |

the … + est of / in The pineapple is **the biggest of** the fruits.
파인애플이 그 과일들 중에서 가장 크다.

the most … of / in The pineapple is **the most expensive of** the fruits.
파인애플이 그 과일들 중에서 가장 비싸다.

H 괄호 안의 단어들을 바르게 배열하여 문장을 완성하세요.

```
  ┌─────────┐         ┌────────┐         ┌──────────────────┐
  │   주어   │·····  be동사  ·····│   보어   │·······│ of / in + 비교 대상 │
  └─────────┘         └────────┘         └──────────────────┘
                           ⋮
                           ↓
                  ┌──────────────────┐
                  │      최상급       │
                  │  the 형용사 + est  │
                  │  the most + 형용사  │
                  └──────────────────┘
```

❶ (all animals, of, strongest)

A lion is the _____.

모든 동물들 중 가장 강한

❷ (of, longest, all rivers)

The Amazon river is the _____.

모든 강들 중 가장 긴

❸ (Korea, largest city, in)

Seoul is the _____.

한국에서 가장 큰 도시

❹ (hottest season, the year, of)

Summer is the _____.

일년 중 가장 더운 계절

❺ (land animal, the world, fastest, in)

The cheetah is the _____.

세상에서 가장 빠른 육상 동물

❻ (the world, movie, in, worst)

I think it is the _____.

세상에서 최악의 영화

Unit 22

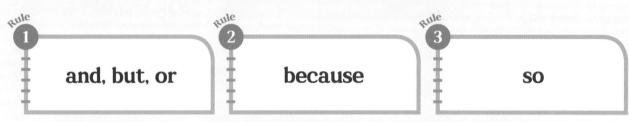

{ 연결하는 말, 접속사 }

Rule 1 and, but, or

Rule 2 because

Rule 3 so

I like peanut butter and jelly.

I like peanut butter but I don't like jelly.

I like peanut butter or jelly.

Rule 1

and, but, or

접속사 and, but, or는 명사와 명사, 형용사와 형용사, 문장과 문장처럼 **같은 역할을 하는 것끼리 연결해 주는 말**이에요.

and
그리고 / ~하고

but
그러나 / ~지만

or
또는 / ~ 아니면

He is tall and smart. 그는 키가 크고 영리하다.

He is tall but still a young child. 그는 키는 크지만 아직 어린애다.

He may be tall or short. 그는 키가 크거나 작을 수 있다.

156 초등 영어를 결정하는 영문법

A 괄호 안에서 알맞은 접속사를 고르세요.

① I love you (and / but / or) you love me, too.

나는 너를 사랑하고 너도 나를 사랑한다.

② I like you (and / but / or) I don't like the work.

나는 너를 좋아하지만 일은 좋아하지 않는다.

③ It's spring (and / but / or) it's very hot today.

봄이지만 오늘 아주 덥다.

④ You can't eat (and / but / or) drink in this room.

너는 이 방에서 먹거나 마실 수 없다.

⑤ You can walk (and / but / or) take a bus.

너는 걷거나 버스를 탈 수 있다.

B 빈칸에 and, but 중 알맞은 접속사를 써서 문장을 완성하세요.

① I like cold _____ snowy days.

나는 춥고 눈 오는 날을 좋아해.

② I wanted to call you, _____ I didn't have your number.

나는 너에게 전화하고 싶었지만 네 번호를 가지고 있지 않았다.

③ We stayed at home _____ cooked dinner.

우리는 집에 머물고 저녁을 요리했다.

4 I went to the window _____ looked out.

나는 창문으로 가서 내다보았다.

5 I was very tired, _____ I cleaned my room.

나는 매우 지쳤지만 내 방을 청소했다.

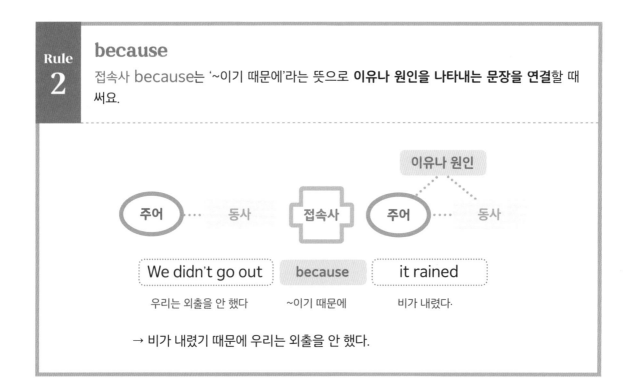

Rule 2

because

접속사 because는 '~이기 때문에'라는 뜻으로 **이유나 원인을 나타내는 문장을 연결**할 때 써요.

이유나 원인

주어 ···· 동사   접속사   주어 ···· 동사

We didn't go out   because   it rained

우리는 외출을 안 했다   ~이기 때문에   비가 내렸다.

→ 비가 내렸기 때문에 우리는 외출을 안 했다.

C 보기와 같이 접속사 because를 이용하여 두 문장을 한 문장으로 바꿔 쓰세요.

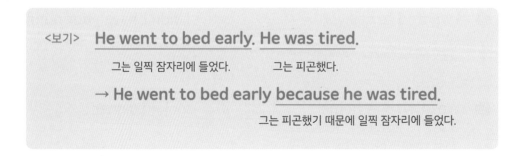

<보기>   He went to bed early. He was tired.

그는 일찍 잠자리에 들었다.   그는 피곤했다.

→ He went to bed early because he was tired.

그는 피곤했기 때문에 일찍 잠자리에 들었다.

1 We opened the window. It was very hot.

우리는 창문을 열었다. 매우 더웠다.

→ We opened the window _____.

우리는 매우 더웠기 때문에 창문을 열었다.

2 He closed the window. It was noisy.

그는 창문을 닫았다. 매우 시끄러웠다.

→ He closed the window _____.

그는 매우 시끄러웠기 때문에 창문을 닫았다.

3 I was very hungry. I didn't have breakfast.

나는 배가 매우 고팠다. 나는 아침을 먹지 않았다.

→ I was very hungry _____.

나는 아침을 먹지 않았기 때문에 배가 매우 고팠다.

D 두 문장 중 빈칸에 자연스러운 것을 고르고 써 보세요.

1 She didn't drink water because _____.

a) she was not thirsty ☐   b) she ate dinner ☐

그녀는 목이 마르지 않았다   그녀는 저녁을 먹었다

2 Jim was happy because _____.

a) he won the race ☐   b) he was late ☐

그는 경기에서 이겼다   그는 늦었다

3 I took my umbrella because _____.

a) it was sunny ☐   b) it was raining ☐

매우 맑았다   비가 내리고 있었다

so

접속사 so는 '그래서'라는 뜻으로 **뒤에 결과를 나타내는 문장**이 와요.

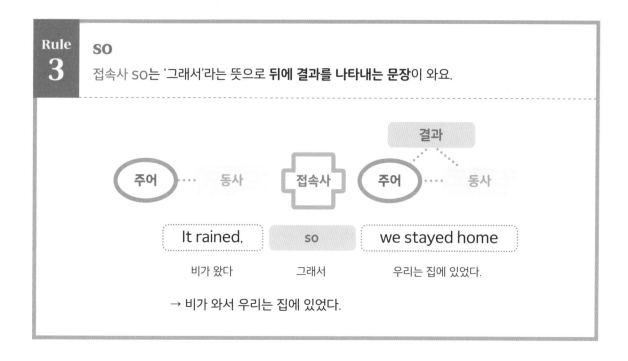

주어 ···· 동사	접속사	주어 ···· 동사
It rained,	so	we stayed home
비가 왔다	그래서	우리는 집에 있었다.

→ 비가 와서 우리는 집에 있었다.

E 보기와 같이 접속사 so를 이용하여 두 문장을 한 문장으로 바꿔 쓰세요.

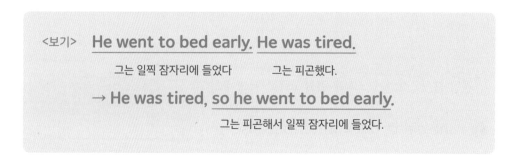

<보기> **He went to bed early. He was tired.**

그는 일찍 잠자리에 들었다   그는 피곤했다.

→ He was tired, so he went to bed early.

그는 피곤해서 일찍 잠자리에 들었다.

❶ We opened the window. It was very hot.

우리는 창문을 열었다. 매우 더웠다.

→ It was very hot, _____.

매우 더워서 우리는 창문을 열었다.

❷ I was very hungry. I didn't have breakfast.

나는 배가 매우 고팠다. 나는 아침을 먹지 않았다.

→ I didn't have breakfast, _____.

나는 아침을 먹지 않아서 배가 매우 고팠다.

❸ He closed the window. It was noisy.

그는 창문을 닫았다. 매우 시끄러웠다.

→ It was noisy, _____.

매우 시끄러워서 그는 창문을 닫았다.

F 두 문장 중 빈칸에 자연스러운 것을 고르고 써 보세요.

❶ Bill wasn't hungry, so _____.

a) he ate lunch ☐ 그는 점심을 먹었다

b) he didn't eat ☐ 그는 먹지 않았다

❷ The shirt got dirty, so _____.

a) Amy washed it ☐ 에이미는 그것을 세탁했다

b) Amy sold it ☐ 에이미는 그것을 팔았다

❸ Ben felt sick, so _____.

a) he played basketball ☐ 그는 농구를 했다

b) he didn't go to school ☐ 그는 학교에 가지 않았다

Review 6 ▸▸▸ 퀴즈의 답을 빈칸에 채우거나 괄호 안에서 고르세요.

Unit 20 둘을 서로 비교하는 형용사 비교급

| Rule 1-1 | 원급과 비교급의 차이 | 원래의 형용사 형태는 (원급 / 비교급)이라 해요. '더 ~한'이란 뜻을 가진 (원급 / 비교급)은 대부분 형용사 뒤에 _____를 붙여요. |

| Rule 2 | 2음절 이상의 형용사 비교급 형태 | 2음절 이상의 형용사 비교급은 대부분 _____를 형용사 (앞 / 뒤)에 써요. |

| Rule 3 | 비교급에서 비교 대상을 나타내는 방법 | 비교급 (앞 / 뒤)에 '~보다'의 의미를 가진 _____을 써요. |

* 다음 표를 완성하세요.

원급	비교급
beautiful	❶
useful	❷
difficult	❸
important	❹
exciting	❺
interesting	❻

Unit 21 셋 이상 중 최고를 나타내는 최상급

| Rule 1-1 | 최상급의 의미 | 최상급은 셋 이상의 사람이나 사물을 비교하는 표현으로, '(더 ~한 / 가장 ~한)' 이란 뜻이예요. 대부분 형용사 (앞 / 뒤)에 (a / the)를 쓰고 뒤에 _____를 붙여요. |

| Rule 2 | 2음절 이상의 형용사 최상급 형태 | 2음절 이상의 형용사 최상급은 대부분 _____를 형용사 (앞 / 뒤) 에 써요. |

| Rule 3 | 최상급에서 비교 대상을 나타내는 방법 | 최상급 (앞 / 뒤)에 '~ 중에서'의 의미를 가진 전치사 _____나 _____을 써요. |

Rule 1-1	비교급과 최상급을 만드는 방법	대부분 형용사 뒤에 비교급은 _____를, 최상급은 _____를 붙여요.

* 다음 표를 완성하세요.

원급	비교급	최상급
tall	❶	the
small	❷	the
strong	❸	the
old	❹	the
young	❺	the
slow	❻	the

Rule 1-2	-e로 끝나는 경우	비교급은 _____를, 최상급은 _____를 붙여요.

원급	비교급	최상급
wide	❶	the
nice	❷	the
large	❸	the
safe	❹	the
late	❺	the
wise	❻	the

Rule 1-2 단모음+단자음으로 끝나는 경우

(모음 / 자음)을 한 번 더 쓰고 비교급은 _____를, 최상급은 _____를 붙여요.

원급	비교급	최상급
big	❶	the
fat	❷	the
hot	❸	the
thin	❹	the
wet	❺	the

Rule 1-2 자음 + y로 끝나는 경우

(자음 / y)를 _____로 고치고, 비교급은 _____를, 최상급은 _____를 붙여요.

원급	비교급	최상급
easy	❶	the
heavy	❷	the
early	❸	the
happy	❹	the
busy	❺	the
pretty	❻	the

| | Rule 1-3 | 불규칙 유형 | 따로 외워야 해요. |

따로 외워야 해요.

원급	비교급	최상급
good	❶	the
bad	❷	the
many / much	❸	the
little	❹	the

Unit 22 연결하는 말, 접속사

Rule 1 **접속사**

접속사란 명사와 _____, 형용사와 _____, 문장과 _____처럼 같은 역할을 하는 것끼리 연결해 주는 말이에요.

Rule 1 **접속사 and, but, or의 뜻**

접속사 and는 (그리고 / 그러나 / 또는)의 뜻이고, but은 (그리고 / 그러나 / 또는)의 뜻이며 or은 (그리고 / 그러나 / 또는)의 뜻이에요.

Rule 2 **접속사 because의 뜻**

접속사 because는 (~이기 때문에 / 그래서)의 뜻으로 이유나 _____을 나타내는 문장을 연결할 때 써요.

Rule 3 **접속사 so의 뜻**

접속사 so는 (~이기 때문에 / 그래서)의 뜻으로 그 뒤에는 (원인 / 결과)를 나타내는 문장이 와요.

Unit 01 pp. 18~22

A ❶ 사람: Jane, dancer ❷ 사람: boy 동물: cat
❸ 사람: mom, Kevin ❹ 사람: farmer 동물: horse

B ❶ 사물: hat ❷ 장소: room ❸ 사물: books, 장소:
school ❹ 사물: bike, 장소: library

C ❶ a ❷ an ❸ a ❹ a ❺ a ❻ an ❼ an ❽ an ❾ a ❿ a
⓫ an ⓬ an

D ❶ a pen ❷ an artist ❸ A boy, a ball ❹ an uncle

E ❶ an, the ❷ a, The ❸ an, The ❹ a, The ❺ an,
The

F ❶ the, salt에 동그라미 ❷ The, computer에 동그
라미 ❸ the, door에 동그라미 ❹ the, cups에 동그
라미 ❺ The, shoes에 동그라미 ❻ the, rose에 동그
라미 ❼ The, ducks에 동그라미, the, pond에 동그
라미

Unit 02 pp. 23~27

A ❶ cups ❷ cats ❸ apples ❹ ears ❺ balls ❻ cars

B ❶ glasses ❷ boxes ❸ dishes ❹ tomatoes

C ❶ babies ❷ puppies ❸ leaves ❹ knives

D ❶ fish ❷ deer ❸ sheep

E ❶-ⓒ ❷-ⓐ ❸-ⓑ ❹-ⓔ ❺-ⓓ

F ❶ children ❷ mice ❸ men ❹ feet ❺ sheep,
leaves

G ❶-ⓓ ❷-ⓒ ❸-ⓐ ❹-ⓑ ❺-ⓔ

H 셀 수 있는 명사: cup, fish, baby, men
셀 수 없는 명사: Mary, coffee, time, water, love,
Sunday

Unit 03 pp. 28~32

A ❶ I, I ❷ She, She ❸ You, You ❹ It, It ❺ He, He

B ❶ She, 단수, 사람, 여자 ❷ It, 단수, 사물 ❸ He, 단수,
사람, 남자 ❹ It, 단수, 동물

C ❶ You, You ❷ We, We ❸ They, They ❹ They,
They

D ❶ We, 나를 포함, 복수 ❷ We, 나를 포함, 복수
❸ They, 복수 ❹ They, 복수 ❺ They, 복수

E ❶ It-ⓓ ❷ It-ⓔ ❸ It-ⓐ ❹ It-ⓑ ❺ It-ⓕ ❻ It-ⓒ

Unit 04 pp. 33~37

A ❶ am ❷ are ❸ is ❹ are ❺ is ❻ are ❼ is

B ❶ is, are ❷ is, are ❸ are, are ❹ are, is

C ❶ am not ❷ is not, isn't ❸ is not, isn't ❹ are
not, aren't ❺ is not, isn't ❻ are not, aren't
❼ are not, aren't ❽ is not, isn't ❾ is not, isn't
❿ are not, aren't

D ❶ Jane isn't a singer ❷ My books aren't here
❸ The shoes aren't new ❹ We aren't hungry

E ❶ Am I ❷ Are you ❸ Is he ❹ Are they ❺ Is she
❻ Are we ❼ Is it ❽ Are the fish

F ❶ are, Are you happy ❷ is, Is my sister here
❸ is, Is Mary tired ❹ are, Are we friends
❺ is, Is she from New York ❻ are, Are the boys
quiet

Review 1 ▶▶▶ pp. 38~39

Unit 01

Rule 1-1	사물, 장소, 이름
Rule 2	an, 하나
Rule 2	모음, 앞
Rule 3-1	이미, 알고

Unit 02

Rule 1-1	둘
Rule 1-1, 2, 3	es
Rule 2-1	같아요

| Rule 3-3 | 없어요, 없어요 |

Unit 03

Rule 1-1	사물, 대신
Rule 1-1,2	you, he, she, it
Rule 2-1	we, they
Rule 3	날짜, 날씨

Unit 04

Rule 1-1,2	단수, he, it
Rule 1-1,2	복수, we, they
Rule 2-1	not
Rule 3-1	앞, ?

Unit 05

pp. 40~44

A ❶ Tom's ❷ baby's ❸ Mr. Kim's ❹ brother's ❺ bird's ❻ dog's

B ❶ sister's pens ❷ bird's nest ❸ Mr. Brown's car ❹ Kevin's backpack ❺ farmer's boots

C ❶ my ❷ your ❸ his ❹ her ❺ its

D ❶ My ❷ Her ❸ His ❹ Your ❺ Its

E ❶ our ❷ their ❸ your ❹ their

F ❶ Our ❷ Their ❸ Their ❹ Your

Unit 06

pp. 45~50

A ❶ me / 나를 ❷ you / 너를 ❸ him / 그를 ❹ her / 그녀를 ❺ it / 그것을

B ❶ it ❷ him ❸ her ❹ you ❺ me

C ❶ us / 우리를 ❷ you / 너희를 ❸ them / 그들을, 그것들을

D ❶ them ❷ them ❸ them ❹ you ❺ us ❻ us ❼ them

E ❶ I know them. 난 그들을 안다. ❷ We help him. 우리는 그를 돕는다. ❸ I like it. 난 그것을 좋아한다. ❹ He likes them. 그는 그들을 좋아한다. ❺ Ben

loves her. 그녀를 사랑한다. ❻ I listen to it every day. 난 그것을 매일 듣는다. ❼ I will ask you again. 내가 너희들에게 다시 물어볼 것이다.

F ❶ me ❷ you ❸ your ❹ him ❺ her ❻ it ❼ our ❽ us ❾ their

G 단수형

내가 I	나의 my	나를 me
네가 you	너의 your	너를 you
그가 he	그의 his	그를 him
그녀가 she	그녀의 her	그녀를 her
그것이 it	그것의 its	그것을 it

복수형

우리가 we	우리의 our	우리를 us
너희가 you	너희의 your	너희를 you
그들이 they	그들의 their	그들을 them

Unit 07

pp. 51~56

A ❶ many toys ❷ many cookies ❸ many rooms ❹ many friends

B ❶ much sugar ❷ much cheese ❸ much homework ❹ much time

C ❶ a few questions ❷ a few days ❸ a few friends ❹ a few songs ❺ a few books

D ❶ a few ❷ a few ❸ a little ❹ a few ❺ a little ❻ a little

E ❶ many, a lot of books ❷ much, a lot of cheese ❸ many, a lot of friends ❹ much, a lot of time ❺ many, a lot of days ❻ much, a lot of snow

F ❶ a few, some eggs ❷ a little, some sugar ❸ a few, some children ❹ a little, some money ❺ a few, some years ❻ a little, some rain

Unit 08

pp. 57~61

A ❶ this ❷ that ❸ this

B ❶ This is ❷ That is ❸ This is ❹ That is

C ❶ this boy (이 소년) ❷ that car (저 자동차)
❸ that bird (저 새) ❹ this tree (이 나무)

D ❶ That girl ❷ This soup ❸ this music ❹ this
story

E ❶ Those are ❷ These are ❸ These are
❹ Those are

F ❶ These, chairs, are ❷ That, boy, is ❸ Those,
shoes, are ❹ This, pizza, is ❺ These, flowers,
are

Review 2 ▶▶▶ pp. 62~63

Unit 05
Rule 1-1	뒤에, ', s
Rule 2-1	my, your, 명사
Rule 2-1	his, her, its
Rule 3	our, their

Unit 06
Rule 1-1	~을/를
Rule 1-1	me, you
Rule 1-1	him, her, it
Rule 2-1	us, them

Unit 07
Rule 1-1,2	많은, 수, 양
Rule 2-1,2	약간, 수, 양
Rule 3-1	많은, many, much, 단수와 복수
Rule 3-2	약간, a few, a little, 단수와 복수

Unit 08
Rule 1-1	이것, 가까이, 저것, 멀리
Rule 2-1	이, 저, 단수, 단수
Rule 3-1	이것들, 가까이, 저것들, 멀리
Rule 3-3	이, 저, 복수, 복수

Unit 09 pp. 66~70

A ❶ stays ❷ sees ❸ works ❹ listens ❺ talks
❻ reads ❼ swims ❽ gives ❾ fights ❿ enjoys

B ❶ hates ❷ speaks ❸ gets up ❹ grows ❺ drinks

C ❶ passes ❷ misses ❸ fixes ❹ crosses ❺ wishes
❻ teaches ❼ catches ❽ pushes

D ❶ studies ❷ cries ❸ tries ❹ carries ❺ flies
❻ worries ❼ buries ❽ hurries

E ❶ cries ❷ carries ❸ worries ❹ studies ❺ buries
❻ flies

F ❶ has ❷ does ❸ has ❹ goes ❺ goes ❻ does

Unit 10 pp. 71~77

A ❶ Do you go ❷ Do we have ❸ Do I look ❹ Do
they study ❺ Do horses eat

B ❶ Does he go ❷ Does she have ❸ Does it taste
❹ Does Amy speak ❺ Does our class finish

C ❶ do not run ❷ do not like ❸ do not have ❹ do
not do

D ❶ don't have ❷ don't learn ❸ don't eat ❹ don't
play ❺ don't ride

E ❶ does not run ❷ does not teach ❸ does not
do ❹ does not study ❺ does not catch ❻ does
not cry

F ❶ doesn't like ❷ doesn't learn ❸ doesn't help
❹ doesn't eat ❺ doesn't have

Unit 11 pp. 78~84

A ❶ I was ❷ Jack was ❸ It was ❹ She was
❺ It was ❻ The dog was

B ❶ is ❷ was ❸ were ❹ are ❺ were

C ❶ played ❷ cooked ❸ walked ❹ rained

⑤ worked ⑥ talked

D ❶ closed ❷ hoped ❸ lived ❹ used ❺ danced
⑥ arrived

E ❶ cried ❷ studied ❸ carried ❹ tried ❺ hurried
⑥ worried

F ❶ hurt ❷ cut ❸ put ❹ hit ❺ let ⑥ shut

G ❶ came ❷ knew ❸ built ❹ sang ❺ made
⑥ wrote ❼ met ❽ ran ❾ lost ❿ gave

H ❶ went ❷ told ❸ did ❹ ate ❺ saw ⑥ bought
❼ took ❽ had

Unit 12

pp. 85~91

A ❶ Was I ❷ Were you ❸ Was he ❹ Were they
⑤ Was she ⑥ Was it

B ❶ was not / wasn't ❷ was not / wasn't ❸ were
not / weren't ❹ were not / weren't ❺ was not /
wasn't ⑥ were not / weren't ❼ were not /
weren't ❽ was not / wasn't

C ❶ Did I see ❷ Did we have ❸ Did he study
❹ Did they like ❺ Did you go ⑥ Did it do ❼ Did
she tell ❽ Did they buy ❾ Did you cry ❿ Did we
lose

D ❶ Did they go ❷ Did we eat ❸ Did you leave
❹ Did he build ❺ Did they give

E ❶ did not meet ❷ did not help ❸ did not hear
❹ did not sing ❺ did not try

F ❶ didn't have ❷ don't play ❸ didn't watch
❹ doesn't study ❺ doesn't ride ⑥ didn't sleep

Review 3 ▸▸▸

pp. 92~93

Unit 09

| Rule 1-1 | 3, 단수 명사, she |
| Rule 2-1 | 3, 단수 명사, ch, sh |

| Rule 2-2 | i, -es, -s |
| Rule 3 | does, goes, has |

Unit 10

Rule 1-1	Do, 동사원형
Rule 1-2	Does, 동사원형
Rule 2-1	do not, don't
Rule 3-1	단수 명사, does not, doesn't

Unit 11

Rule 1-1	was, were
Rule 2-1	뒤, -ed, -d
Rule 2-3	i, -ed, -ed
Rule 3-3	did, went, had

Unit 12

Rule 1-1	앞, Was, Were
Rule 1-2	not, wasn't, weren't
Rule 2	앞, Did, 동사원형
Rule 3-2	동사, did not, 동사원형, didn't

Unit 13

pp. 94~98

A ❶ can ride 너는 자전거를 탄다. 너는 자전거를 탈 수
있다. ❷ can drive 그는 차를 운전한다. 그는 차를 운
전할 수 있다. ❸ can fly 그녀는 연을 날린다. 그녀는
연을 날릴 수 있다. ❹ can't see 나는 별을 보지 않는
다. 나는 별을 볼 수 없다. ❺ can't play 그는 피아노를
치지 않는다. 그는 피아노를 칠 수 없다.

B ❶ Can he stay ❷ Can you hear ❸ Can they
help ❹ Can she write ❺ Can he carry

C ❶ will stay ❷ will wait ❸ will be ❹ will send
⑤ won't see ⑥ won't come ❼ won't eat
❽ won't do

D ❶ Will it rain ❷ Will you be ❸ Will they go ❹ Will
the sun rise ❺ Will Ben come

E ❶ should try ❷ should eat ❸ should help
❹ should tell ❺ shouldn't shout ⑥ shouldn't go

F ❼ shouldn't cut ❽ shouldn't sleep

F ❶ Should we leave ❷ Should I sign ❸ Should we eat out ❹ Should I call ❺ Should we take

Unit 14 `pp. 99~104`

A ❶ 일하고 있다 / 일하는 중이다 ❷ 돕고[도와주고] 있다 / 돕는 중이다 ❸ 배우고 있다 / 배우는 중이다 ❹ 요리하고 있다 / 요리하는 중이다

B ❶ am, watching ❷ is, eating ❸ is, reading ❹ are, playing

C ❶ isn't studying ❷ isn't raining ❸ aren't cooking ❹ aren't watching ❺ isn't drawing

D ❶ Are you feeling OK ❷ Is it raining ❸ Is Jane working ❹ Are they playing soccer ❺ Is he enjoying the movie ❻ Is he doing his homework

E ❶ am washing ❷ is listening ❸ are sleeping ❹ is crying ❺ are teaching ❻ is wearing

F ❶ am closing ❷ is writing ❸ is living ❹ are using ❺ is riding ❻ is driving

G ❶ am running ❷ is shopping ❸ am planning ❹ are swimming ❺ are putting ❻ is cutting ❼ is hitting ❽ is stopping

Unit 15 `pp. 105~110`

A ❶ Be ❷ Take ❸ Help ❹ Hurry ❺ Give

B ❶ Don't talk so loud ❷ Don't drink it

C ❶ Let's go ❷ Let's stay ❸ Let's take ❹ Let's buy ❺ Let's eat

D ❶ Let's not fight ❷ Let's not go ❸ Let's not eat ❹ Let's not buy ❺ Let's not wait

E ❶ Let me think ❷ Let me know ❸ Let me ask ❹ Let me do ❺ Let me have

F ❶ please ❷ Please ❸ Please ❹ please ❺ Please

Review 4 ▸▸▸ `pp. 111~113`

Unit 13

Rule 1-1	앞, 동사원형
Rule 1-1,2	할 수 있다, cannot, can't, 주어, 앞, ❶ He cannot[can't] swim. ❷ Can he swim?
Rule 2-1	의지, 미래, will not, won't, ❶ She will not[won't] stay home. ❷ Will she stay home?
Rule 3-1	해야 한다, should not, shouldn't, ❶ You should not[shouldn't] tell her. ❷ Should I tell her?

Unit 14

Rule 1-1	~하다, ~하고 있다
Rule 1-2	is, are
Rule 2-1	하고 있지 않다, not, 앞
Rule 3-1	❶ feeling ❷ listening ❸ eating ❹ sleeping ❺ raining ❻ crying ❼ working
Rule 3-2	-e, -e ❶ dancing ❷ living ❸ using ❹ driving ❺ riding
Rule 3-3	자음 ❶ sitting ❷ swimming ❸ shopping ❹ cutting ❺ planning

Unit 15

Rule 1-1	~해라, 주어, 동사원형
Rule 1-2	~하지 마, 주어, Don't, 동사원형
Rule 2-1	~하자, Let's, Let's not
Rule 3-1	Let me, please ❶ Don't go home. ❷ Let's go home. ❸ Let me go home.

Unit 16 `pp. 116~121`

A ❶ short ❷ rainy ❸ yellow ❹ sweet ❺ pretty

B ❶ my best friend ❷ brown eyes ❸ some fresh air ❹ a red dress

C ❶ is big ❷ is famous ❸ are boring ❹ are funny

D ❶ feel sick ❷ sound happy ❸ looks new ❹ smell nice ❺ tastes terrible

E ❶ beautifully ❷ quick ❸ quiet ❹ loudly ❺ kindly

F ❶ 열심히, 부사 ❷ 늦은, 형용사 ❸ 빨리, 부사 ❹ 일찍, 부사 ❺ 어려운, 형용사 ❻ 이른, 형용사

Unit 17
pp. 122~126

A ❶ on ❷ on ❸ in ❹ on ❺ in ❻ in

B ❶ next to ❷ in front of ❸ behind ❹ under

C ❶ at ❷ in ❸ on ❹ in

D ❶ at ❷ in ❸ on ❹ on ❺ at

E ❶ after breakfast ❷ before 10 P.M. ❸ during the day ❹ after lunch ❺ during the movie

Unit 18
pp. 127~133

A ❶ There is a little bread ❷ There is a boat ❸ There is somebody ❹ There is some cheese

B ❶ There isn't ❷ Is there ❸ There isn't ❹ There isn't

C ❶ There are many flowers ❷ There are a lot of cars ❸ There are three kids ❹ There are a few apples

D ❶ Are there ❷ There aren't ❸ Are there ❹ There aren't

E ❶ There was ❷ There were ❸ There was ❹ There were ❺ There was

F ❶ There wasn't a lot of food ❷ There weren't many people ❸ There weren't any seats ❹ Was there a pool ❺ Were there many pencils

Unit 19
pp. 134~139

A ❶ Who 이 사람은 누구야? - 그는 내 형이야.
❷ What 이게 뭐야? - 그건 내 친구에게 줄 선물이야.
❸ What 그의 이름이 뭐야? - 그의 이름은 제임스야.
❹ Who 너 누구에게 전화하고 있어? - 우리 엄마한테.
❺ What 너 뭘 샀니? - 새 컴퓨터. ❻ Who 너 어제 누구 만났니? - 내 친구들.

B ❶ My dog ❷ Jack and Jill ❸ K-pop ❹ Your sister

C ❶ When 너 언제 일어나? - 6시에. ❷ When 수업이 언제야? - 9시에 시작해. ❸ Where 교실은 어디에 있어? - 2층에 있어. ❹ Where 너 어디 있어? - 부엌에. ❺ When 언제 그를 처음 만났니? - 작년에. ❻ Where 존은 어디 살아? - 뉴욕에.

D ❶ to the market ❷ in the playground ❸ at 2 on Friday ❹ tomorrow ❺ on the table ❻ August 21st

E ❶ Why 너 왜 웃고 있어? - 이 책이 너무 웃겨.
❷ How 주말은 어땠어? - 좋았어. 나 소풍 갔었다.
❸ Why 왜 늦었어? - 버스를 놓쳤어. ❹ How 어떻게 등을 끌 수 있지? - 내가 보여줄게. ❺ How 넌 학교에 어떻게 가? - 학교에 걸어서 가. ❻ Why 왜 화가 났어? - 누가 내 자전거를 가져갔어.

F ❶ What A: 전화번호가 뭐야? B: 555-3456이야.
❷ When A: 생일이 언제야? B: 3월 1일이야.
❸ Where A: 어디 살아? B: 이 근처에. ❹ Why A: 어제 왜 결석했어? B: 감기에 걸렸거든. ❺ How A: 여행은 어땠어? B: 아주 좋았어. ❻ Who A: 너희 영어 선생님은 누구야? B: 브라운 선생님.

Review 6 ▶▶▶
pp. 140~141

Unit 16

| Rule 1 | 상태, 특징, 앞 |

Rule 2-1	뒤, 주어
Rule 2-2	look, smell, feel
Rule 3-1	동사, 형용사, ly, 형용사

Unit 17

Rule 1-1	뒤, 대명사, in, on
Rule 1-2	~ 아래, ~ 뒤에 ~ 옆에, ~ 앞에
Rule 2	at, on, in
Rule 3	~ 전에, ~ 중에, ~ 후에

Unit 18

Rule 1-1,2-1	There is, There are
Rule 1-2,2-1	There isn't, There aren't
Rule 1-2,2-2	앞, Is there, Are there
Rule 3-1	과거형, There was, There were

Unit 19

Rule 1	의문문, 처음
Rule 1	Who, What
Rule 2	시간, When, 장소, Where
Rule 3	이유, Why, 방법, How

Unit 20   pp. 144~149

A ❶ taller ❷ older ❸ smaller ❹ faster ❺ younger ❻ slower

B ❶ later ❷ larger ❸ nicer ❹ safer ❺ wider ❻ wiser

C ❶ wetter ❷ fatter ❸ hotter ❹ thinner

D ❶ easier ❷ busier ❸ heavier ❹ prettier ❺ happier ❻ earlier

E ❶ worse ❷ more ❸ better ❹ less ❺ more

F ❶ more difficult ❷ more important ❸ more interesting ❹ more popular ❺ more comfortable ❻ more handsome ❼ more famous ❽ more expensive

G ❶ hotter ❷ more important ❸ happier ❹ more

H ❶ heavier than ❷ bigger than ❸ faster than ❹ more beautiful than ❺ more expensive than ❻ more popular than

Unit 21   pp. 150~155

A ❶ tallest ❷ oldest ❸ smallest ❹ fastest ❺ youngest ❻ slowest

B ❶ later, latest ❷ larger, largest ❸ nicer, nicest

C ❶ wetter, wettest ❷ fatter, fattest ❸ hotter, hottest

D ❶ easier, easiest ❷ busier, busiest ❸ heavier, heaviest ❹ prettier, prettiest ❺ happier, happiest ❻ earlier, earliest

E ❶ worse, worst ❷ more, most ❸ better, best ❹ less, least ❺ more, most

F ❶ most difficult ❷ most important ❸ most interesting ❹ most exciting ❺ most comfortable ❻ most handsome ❼ most famous ❽ most expensive

G ❶ the most useful ❷ the most beautiful ❸ the most difficult

H ❶ strongest of all animals ❷ longest of all rivers ❸ largest city in Korea ❹ hottest season of the year ❺ fastest land animal in the world ❻ worst movie in the world

Unit 22   pp. 156~161

A ❶ and ❷ but ❸ but ❹ or ❺ or

B ❶ and ❷ but ❸ and ❹ and ❺ but

C ❶ because it was very hot ❷ because it was noisy ❸ because I didn't have breakfast

D ❶ a) ❷ a) ❸ b)

E ❶ so we opened the window ❷ so I was very
hungry ❸ so he closed the window

F ❶ b) ❷ a) ❸ b)

Review 6 ▶▶▶ ---------------------- pp. 162-165

Unit 20

Rule 1	그리고, 그러나, 또는
Rule 2	~이기 때문에, 원인
Rule 3	그래서, 결과

Unit 20

Rule 1-1	원급, 비교급, -er
Rule 2	more, 앞
Rule 3	뒤, than

❶ more beautiful ❷ more useful ❸ more difficult
❹ more important ❺ more exciting ❻ more
interesting

Unit 21

Rule 1-1	가장 ~한, 앞, the, -est
Rule 2	most, 앞
Rule 3	뒤, of, in
Rule 1-1	-er, -est

❶ taller, tallest ❷ smaller, smallest ❸ stronger,
strongest ❹ older, oldest ❺ younger, youngest
❻ slower, slowest

| Rule 1-2 | -r, -st |

❶ wider, widest ❷ nicer, nicest ❸ larger, largest
❹ safer, safest ❺ later, latest ❻ wiser, wisest

| Rule 1-2 | 자음, -er, -est |

❶ bigger, biggest ❷ fatter, fattest ❸ hotter,
hottest ❹ thinner, thinnest ❺ wetter, wettest

| Rule 1-2 | y, i, -er, -est |

❶ easier, easiest ❷ heavier, heaviest ❸ earlier,
earliest ❹ happier, happiest ❺ busier, busiest
❻ prettier, prettiest

| Rule 1-3 | ❶ better, best ❷ worse, worst |
| | ❸ more, most ❹ less, least |

Unit 22

| Rule 1 | 명사, 형용사, 문장 |